家を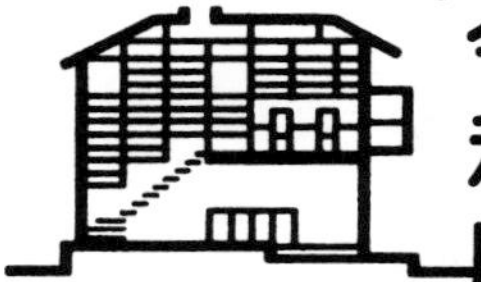令和版
建てたく
なったら

建築家
丹羽 修

WAVE出版

はじめに

ある日曜日の午後。

今日はじめてお会いするご家族が、私の目の前にいます。

「設計事務所という場所に来るのははじめてです」と、やや緊張したご様子。

「何からお話しすればよいでしょうか？」

丁寧に書かれたメモ書きをカバンから取り出し、土地のこと、部屋数のこと、広さ、駐車スペース、太陽光パネル、断熱の性能に求めること、使ってみたい自然素材、予算のこと……次々に説明してくださいます。話し終わってひと言、

「これで間取りをつくっていただけるでしょうか？」

＊

はじめての打ち合わせのとき、たいていこのようなやりとりになります。

もちろん私は、お話しされることにじっくり耳を傾けているのですが、「家についてのご要望を聞く」というよりも、実はご家族お一人おひとりが、どのような人柄でどんな価値観を持っていて、家ができたその先のこと——どんな生活をしていきたいのか——を、注意深く観察しているのです。

奥さまはとても家づくりに積極的だな、ご主人はまったく関心ないんだな（笑）なんてことも多いのですが、それはそれで、大切な情報です。

家をつくることは、「人」が住む生活の場をつくること。

建物に関する条件ももちろん大事なのですが、そこに住む「人」がどんな人なのかのほうがもっと大事。「人」のことをよく知らない段階で、間取りは書けません。

ですので、冒頭の「これで間取りをつくっていただけるでしょうか？」の答えは、この時点ではＮＯ。

「その前に、もう少しご自身のことを教えていただけますか？」

どんなお仕事をされているか、どんな趣味を持っているのか、休日はどうすごしているのか。

そんな質問をしながら、ご家族の「暮らし」を理解していき、それから間取りや建材、設備などを建て主さんといっしょに考えていきます。

＊

私は、住宅設計を主な仕事としている建築家です。

みなさんは、「建築家と家を建てる」ということについて、どんな印象をお持ちですか？

・オシャレでとんがったデザインの「変わった家」
・お金がかかる
・時間がかかる
・ハウスメーカーの営業さんと違って、建築家とは気軽に話せない

たいていこんなイメージをお持ちで、「特別な人だけが、建築家と家を建てるものだ。〝こだわりのない〟〝ふつうの家でいい〟自分たちには関係ない」と思っていらっしゃるよ

うなのです。

または、「好きな家を建ててみたいけど、お金がかかるし、自由設計なんて、無理だよねー」

こんなふうに思って、はじめからあきらめている方も多い。


自分たちの理想の家に住むことを、あきらめないでほしい。

人と人との関係を大切にする家づくりを、知ってほしい。


本書は、そんな思いで書きあげました。

本づくりははじめての経験でしたが、「この本を手に取ってくださった読者の方が、後悔しない家づくりができるように」と、自分が知っている知識、自分ができるアドバイスをすべて、最後の一滴まで絞り出すようにして本に注ぎ込んだつもりです。

まずは、まっさらなところから、「家と暮らしのこと」を、いっしょに考えていきませんか。

家を建てたくなったら　もくじ

第3章 建築家の選び方

第6章
住み心地のよい家をつくるために

第9章
中古住宅リノベーション

装丁　水戸部 功
執筆協力　澁川祐子
イラスト　著者
DTP　fukufuku

第1章

建築家と
家を建てる
ということ

「買う」と「建てる」は、何が違う？

人のあたたかみがある街

最寄駅の南柏駅から自宅まで、徒歩10分少し。

幼いころ上棟式に行ってお餅《もち》やお菓子をもらった家、生垣にぐるりと囲まれた家、水たまりを飛び跳ねながら帰ったくぼんだ道、畑が広がる場所、庭先の犬をからかった家、落ちているミカンやクリを内緒で拾った大きな木のある家。子どものころの記憶をたどると、「家」と「街」が密接に、そして具体的に結びついています。

たたみ屋さん、植木屋さん、大工さん。働く人もいつも身近にいました。

いまはどうだろうか……。

自宅から駅まで、幼い時分と同じ道を歩いているのに、わくわくすることも、新しい発見をすることも、四季の移り変わりを感じることも減ったような気がします。

街には住宅がびっしり建っています。だいたい同じようなアルミフェンスにコンクリートの車庫、道路沿いに玄関ドアがすぐにあり、あまり人の気配がなくて、犬も外にはいない。多くは建売《たてうり》住宅やハウスメーカーの家に建て替わり、私の実家ですら、昔の平屋の面影はなく、鉄骨づくりで閉鎖的な雰囲気の3階建てに変わってしまいました。

身の回りに、手仕事でつくられたものが減り、一生の財産であるはずの「家」さえも、工場でつくられる均一なものが明らかに増えました。街に「人間」のあたたかみがなくなり、個性、表情がなくなりつつあると感じます。

少し前までは「建てる」がふつうだった

家がほしいと思ったとき、最初から設計事務所に相談に行くという人はそれほどいません。それよりまず一度、住宅展示場やモデルルームに足を運んでみるという人が多いのではないでしょうか。

住宅展示場に行けば、素敵な家のモデルがあります。たくさんの選択肢のなかから、実際に見て「選んで」「買う」ことができます。

また、いきなり不動産屋へ行き、物件探しから始める方も多いでしょう。これもやはり「選んで買う」というやり方です。

一方、建築家がつくる家というのは、建て主さんといっしょに一から「建てる」ものです。

ゼロから考えて、一つひとつ決めていくのは大変なことです。だから、家を「買う」ほうがラクだと考える人もいるのかもしれません。

また、「建築家と家を建てるのはお金がかかる」「デザインやインテリアにこだわりのある人が建てる」という思い込みによって、最初から選択肢に入れていない、という人もいます。

けれど、少し前までは、近所の大工さんに頼んで「家を建てる」のがふつうでした。街を歩いていると、増改築を繰り返して不思議な構造をした古い家をときどき見かけます。家族が増えたり減ったりするのに合わせて、そのつど手を入れていたんですね。昔の家は、いまよりずっと柔軟なものだったのだと思います。

住む土地の風土や気候をよく考えて、日差しや雨をしのぐために屋根（軒《のき》）を出したり、縁側など内とも外ともいえない場所をつくったり。壁はふすまや障子で仕切られていて、冬はこまかく仕切っても、夏や人が多く集まるときは仕切りを取りはずして、大きな空間をつくることができました。

農家の家は、農業を営む暮らしに合っていて、商人の家は、また商家ならではのつくりになっていました。

「建てる」がふつうの時代は、「暮らし」に合わせて、家を建てていたのです。

パッケージ化された家を「買う」ようになってから、どうも**「暮らし」のほうを「家」に合わせる**スタイルに変化してきたような気がします。

高度成長期の1950年代半ばから、団地の建設が始まりました。キッチンやLDKを配した近代的な住まいは当時の人々の憧れになったといいます。もちろん集合住宅を自分で建てるわけにはいきませんから、完成した家を「買う」ことになります。

それと同時に郊外の宅地化が進み、建売住宅が次々と建てられていきました。都市部に人口が集中するなか、効率よく住まいを提供する方法だったのでしょう。そうして、いまでは家を「買う」のが珍しいことではなくなりました。

「買う」と「建てる」の大きな違い

「買う」家と「建てる」家の違いは何でしょうか。

よく「自由度」だと考える方がいらっしゃいますが、私が考える大きな違いは、

こめられた「思い」

です。

人の気持ち、もっというと魂が入っている。その土地に家を建て、住まう覚悟のようなものを感じられる。建てる人、住む人、関係者すべての「思い」の量が、圧倒的に違うと思います。そして、人の思いがこもっている家は、やはり住む人にとっても街にとっても「いい」のです。説明が難しいのですが、「表情があるな」と感じます。そして、そんな「人の思い」がこもった家に住むのは、本当に楽しいものです。「表情のある家」が増えたら、街ももっと楽しく、暮らしやすく、あたたかい雰囲気に満ちていく。そんなことを思いながら、私は日々仕事をしています。

一戸建ての選択肢いろいろ

とはいえ、「買う」家のメリットや役割もあると思っています。

「買う」家と「建てる」家をここで少し整理してみましょう。中古住宅については最後の章で詳しくふれますので、まずは新築の住宅を取り上げます。

分譲マンションや建売住宅などの「買う」家と、注文住宅の「建てる」家。その中間に位置するのが、建築条件付き土地や、セミオーダー住宅です。

・建売住宅

土地と建物がセットになって販売される新築分譲住宅を指します。すでに完成している物件もあれば、着工前や建築中の物件もあります。部分的にオプションを選べることもありますが、基本的に間取りや内装、設備の変更はできません。仕上がりのイメージがわかりやすい、ローン申請が一度で終わる、というメリットがあります。

・建築条件付き土地

売り主によって、あらかじめ工事を請け負う会社が指定されている土地を指します。土地の売買契約が成立してから、一定期間内（3カ月程度）に設計プランを決めて、建築工事の請負契約をしなければなりません。間取りは、注文住宅と同じく基本的に自由です。ただし、施工会社によっては工法や使用する建材が限られていることがあります。私の事務所でも建築条件付きの設計についてご相談をいただくことがありますが、基本的に外部の設計者が入ることは難しいと考えてください。もともと、すぐに設計して、すぐにつくって、お金を回収することが目的でこういった販売方法をしている会社です。外部の建築家が設計に入ることが仮にできたとしても、私がいつも心がけているような丁寧な打ち合わせはできないでしょう。工事も決まった材料や、工法を指定されてしまうことが多く、注文住宅を主体にしている工務店さんとは、考え方も、技量もまったく違います。お金を払ってでも外部の建築家に頼みたいのであれば、建築条件そのものをはずす交渉しかないと思います。

・セミオーダー住宅

土地がセットになっている建売タイプと、土地を自分で用意する注文住宅タイプがあります。複数ある基本プランのなかから好みの外観や間取りなどを選べるのが特徴です。基本プランが1～2種類しかないものから、数十数種類ほどあるものまで、各社によって選択の幅は異なります。「セミオーダー」と銘打っていますが、「オーダー」というより、「選択」ですので、個人的にこの名称は違和感があります。

・注文住宅

建築家やハウスメーカー、工務店などに設計を依頼して建てます。法律上の規制をクリアすれば、間取りや設備、内装、外装などをゼロから自由に考え、実現できます。ハウスメーカーに頼む場合、工法については、ハウスメーカーの推奨するものを選択しなければいけません。

だれといっしょに、建てますか？

いちばん最初に会いに行く人

では本題に戻って「家を建てたい」と思ったときの選択肢を見ていきましょう。注文住宅を建てたいと思ったら、あなたはまずどこに相談に行きますか？

・大手のハウスメーカーに相談する
・住宅展示場へ行く
・地域の工務店に相談する
・地域の不動産屋に相談する
・どこに相談したらいいかわからない（ので、とりあえず住宅展示場へ行ってみる）

この本を書くにあたって、いろいろと取材してみたところ、大手ハウスメーカーの展示場に行くという人が圧倒的多数でした。また、地域で評判の工務店があると聞いて、そこに行く人もいます。あるいは、土地を取得するために不動産屋に向かう人もいると思います。ただ、なかには、どこに相談したらいいかさっぱり見当がつかないという人もけっこういるのではないでしょうか。

でも安心してください。そんな人こそ、私がメッセージをお伝えしたいと思っている方々なのです。そこで、もうひとつの選択肢を付け加えさせてください。

・建築家（設計事務所）に相談する

どこに相談に行けばよくわからない人が、もっともハードルの高そうな建築家のところに行くなんて、と思うかもしれません。理由については追々、お話ししていきます。その前に、それぞれの一般的な特徴をおさえておきましょう。

▼ハウスメーカー

・土地探しから、資金計画、アフターサービスまで、それぞれ専門部署や営業担当者がいて、幅広く対応してくれる

・設備や素材など標準仕様が決まっていて、自由さがない。ただし「選びやすくてラク」というメリットもある

・自社がふだん使わない素材は敬遠されることもある

・特別仕様にすると、そのつど追加料金が発生し、割高になる

・工場生産で規格化された部材と工法で建てることが多いため、工期が短い。早く建てたい人にはおすすめ

・基本的に設計士ではなく、営業担当が窓口となって対応してくれるので、要望を言いやすい

・大手のハウスメーカーは、費用がいちばん高い

▼地域工務店

・技術力を持った職人を抱えている（ハウスメーカーなどに押され気味で、どんどん職人

がいなくなっている現状もある）
・地域密着型なら、修繕などの場合、スピーディーに対応してくれる
・自社の使い慣れた素材や施工の効率を優先しやすい傾向にある（結果として制限が生まれることも）

▼地域の不動産屋
・建築条件付き土地の場合に、窓口になることが多い
・内部で設計者を抱えている場合もあるが、提携しているハウスメーカーや工務店を紹介することが多い

▼建築家（設計事務所）
・話し合いながら設計を進めるため、建て主の希望が反映されやすい
・ハウスメーカーが嫌がる変形地など特殊な土地でも柔軟に対応できる
・見積もり、予算、スケジュール、施工の監理をしてくれる
・打ち合わせが多く、着工までに時間がかかることが多い

・工事はおこなっていない場合がほとんど。工事会社は別に見つける必要がある

以上は、あくまでもおおまかな特徴です。会社や担当者によって、対応にはもちろん違いがあります。同じように、建築家についても一般にいわれていることが必ずしも当てはまらないんじゃないかと思うことがあります。

建て主と設計者の関係

ハウスメーカー、不動産屋さんが窓口になる場合と、建築家が建てる家との、大きな違いは、建て主さんと施工業者、設計者との関係にあります。三者の関係を簡単に図に表してみましたので、27ページの表を見てください。

AとBはハウスメーカーで建てる場合や、不動産屋さんが入る場合。ハウスメーカーは、内部に設計士を抱えているところと、外注しているところとがあります。

Cは建築家の場合です。工務店は、建築家が選んで紹介する場合が多いのですが、なかには「この工務店さんを使ってください」と建て主さんから紹介されることもたまにあり

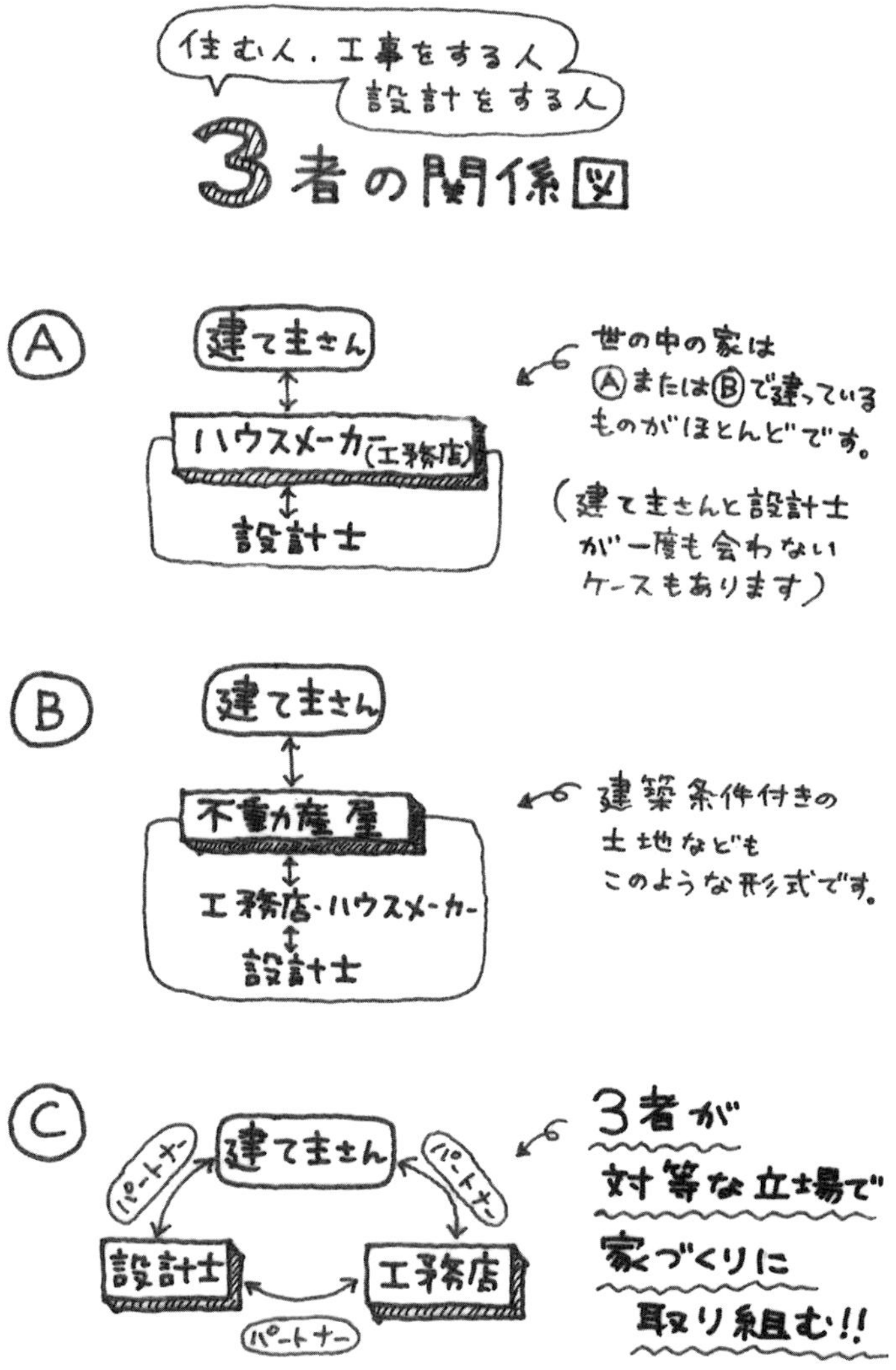
住む人、工事をする人
設計をする人
3者の関係図
A
建て主さん
ハウスメーカー(工務店)
設計士
世の中の家は
Aまたは Bで建っている
ものがほとんどです。
(建て主さんと設計士
が一度も会わない
ケースもあります)
B
建て主さん
不動産屋
工務店・ハウスメーカー
設計士
建築条件付きの
土地なども
このような形式です。
C
建て主さん
設計士
工務店
パートナー
パートナー
パートナー
3者が
対等な立場で
家づくりに
取り組む!!

ます。どちらにしても、建て主さんは建築家と設計契約を、工務店と工事契約をそれぞれ結びます。

3つの図を見くらべて、何か気づいたことはあるでしょうか。

大きな違いは、建て主さんと設計者との関係です。

ハウスメーカーと不動産屋の場合（AとB）、建て主さんが設計についてやりとりするのは窓口となる業者の営業マンです。実際に図面を引く設計士は、基本的に表に出てこないか、出てくるとしても、契約後にはじめて打ち合わせする場合がほとんど。建て主さんが設計者と直接話す機会が数回程度のこともあるそうです。一度も顔を合わせずに、営業マンが図面を持ってくることも少なくないといいます。「この図面、だれがつくったの？」という建て主さんの質問に、営業担当が「私がつくりました！」と答えた、という話は何度も聞いたことがあります。当然ながら営業マンは、設計のプロではありません。

一方、建築家の場合（C）は、建て主さんと設計者とが直接やりとりしながら、図面を作成します。図面を実際に書く人（設計者）に何度も直接会って話をするほうが、建て主さんとしても希望をより丁寧に伝えられるでしょう。設計する人間の側としても、実際に会っていろいろ話すほうが、相手の思いを理解しやすくなると思います。どこに相談していいかわからない人ほど、建築家のところへ足を運んでみてほしいというのは、そういう理由なのです。

建築家は家づくりのパートナー

一軒の家をつくるには、たくさんの人の手を必要とします。

不動産屋や銀行、工務店の人々。工事の現場には、大工さんから材木屋さん、左官屋さん、ガラス屋さん、電気屋さん……と各分野ごとの職人さんがやってきます。そうした人たちとコミュニケーションをとりながら工事を進めなければ、いい家は建ちません。構造の耐震強度のことから、金物ひとつ、庭の木1本まで、さまざまな知識が求められます。だからこそ、じっくり相談できる専門知識のある人と組むことが大切なのです。

建築家の仕事は、図面を書くことだけではありません。施工監理も建築家の大事な仕事です。施工監理についてはあとで詳しく説明しますが、簡単にいうと、工事が設計通りに進んでいるか確認し、必要なときには修正の指示を出す役目です。第三者の目で品質管理ができることも建築家が入る大きなメリットです。

また、工事中にトラブルが起きたときは、工事をする人と建て主さんとのあいだに立って、両者の橋渡しの役目もします。そうして家が完成するまで、建て主さんと伴走していくのです。

27ページの図をもう一度見返してみてください。

建築家によって考え方はそれぞれ違うかもしれませんが、私は建て主、設計者（建築家）、施工者（工務店）の三者が対等な関係を築くことが望ましいと思っています。

最近、ハウスメーカーさんによっては、「第三者チェック」を設けているところもあります。設計をする人、工事をする人、建て主さんが対等な関係でいる大切さに、世の中の人が気づき始めたのではないかな、と感じます。ただし、この第三者チェックは、これまで設計に関わっていない人（建て主さんの要望を知らない人）が、品質チェックのためだけに図面を見るので、三者の対等性という意味では少し異なります。

建築家に頼むとお金がかかる？

建築家に家を建ててもらうというと、お金持ちをイメージする人がいます。でも、私の事務所に相談に来た人で、「お金はいくらかかってもいい」なんて方はいませんでした。一生懸命貯めたお金を頭金にローンを組んで、なんとか費用を予算内に収めようとやりくりされているのは、みなさん同じです。

この「建築家に頼むとお金がかかる」という思い込みの根拠になっているのが、設計監理料です。設計事務所に住宅の設計を依頼すると、設計監理料という支払いが工事費とは別に発生します。

金額は事務所によって異なりますが、工事費用の10～15％前後が目安です。たとえば工事費用が3000万円として、設計監理料が10％だとしたら、支払う金額は300万円になります。この金額が工事費用とは別にかかるので、「高い」と感じる人が多いのです。

しかし、ハウスメーカーの家でも、建てるときにはだれかが図面を引いています。ですから、当然そのコストは上乗せされています。

また、ハウスメーカーで建てるメリットとしてよくいわれるのが、モデルプランを用意しているので1回の設計にかける費用が少なくてすむということ。あるいは、建材も一括で仕入れられ、材料コストが抑えられるということ。もちろんそうしたスケールメリットはありますが、そのぶん広告費や営業マンの人件費、モデルルームの維持費など、家とは直接関係ない費用が販売価格に上乗せされていることも確かです。

一方、建築家に頼んだ場合にも、コスト面でのメリットはあります。

たとえば、工務店から上がってきた見積書が予算オーバーした場合、どうすれば予算をカットできるか、一般の建て主さんはなかなか判断できないでしょう。

建築家なら、満足度を下げない削減のワザを知っています。また、それを工務店と交渉することもできます。

予算をどう使うかを建て主さんといっしょに考えるのも建築家の仕事のうち。建築家の知恵を借りながら、お金をかけるところとかけないところのメリハリをつけたり、コストを削ったり。そうして、予算をコントロールすることができます。

以上を考えると、一概に「建築家に頼むとお金がかかる」というわけではないことがわかっていただけたでしょうか。

建築家に頼むと時間がかかる？

この疑問については、その通りだと思います。時間はかかります。素直に認めます。でも、一設計士の言い分にもちょっと耳を傾けてください。

私がこれまでに手がけた家で、設計から工事完了まで、最短は9カ月。最長は3年弱でした。「そんなに差があるの？」と驚かれた人もいるかもしれません。

9カ月の人は、不動産関係者で家づくりのことがよくわかっている建て主さんでした。一方、3年弱の人は、何に関しても選ぶのに慎重な方でした。建材や設備、天井の高さについても、実際に見て確かめて、一つひとつ時間をかけて決めていきました。

これは極端な例ですが、平均すると設計をスタートして家が完成するまでに、だいたい1年〜1年半くらいかかります。ハウスメーカーだと設計・工事期間合わせて3カ月〜6カ月くらいで建ちますから、やはり建築家に頼むと時間がかかるといえるでしょう。

ただ、私は時間をある程度かけたほうがいい家づくりができると思っています。その理由はいくつかあります。

たとえば、真夏に打ち合わせをしていて、「冬にこういう空間は寒いですよ」とか「こういう寒さ対策はどうですか」とご提案しても、「必要ないです」と即答する建て主さんがけっこういます。いまが暑いので、これから建てる家においても暑さをしのぐことで頭がいっぱいになってしまうのです。

逆もあります。真冬に打ち合わせをして、いくら「軒がないと、日差しが入ってきて、夏暑いですよ」と言っても、「いいえ、日がいっぱい入ってきたほうがいいです」という答え。人間というのは、肌感覚を忘れてしまうものなのだと思います。

肌感覚と快適さは、密接に関係しているので、寒い時期と暑い時期、両方通して家づくりを進められるほうが、やはりいいのです。

また、急いでいるとすぐに間取りなどの具体的な打ち合わせに入らないといけません。建て主さんの価値観や暮らしの好みをじっくり聞く時間がじゅうぶんにとれないと、その人の潜在的な欲求や、言葉にできない感覚的なものを見過ごしてしまいます。

さらに、経験上、最初から最後まで、同じスピードとテンションで家づくりに取り組むよりも、途中でクールダウンしたり、少し寝かせることも大切だなーと思うこともしばしばあります。

図面を書く量が圧倒的に多いというのも、時間がかかる理由です。カタログのユニットを組み合わせるならば、図面はいりません。でも、ドア1枚でもオリジナルのものをつくるには、寸法をきちんと書いた図面が必要なのです。実際、ハウスメーカーさんの設計図面と建築家の設計図面は、厚みがまったく違います。

建築家に頼むと、たしかに時間はかかります。でも、そのかかる時間の中身には、きちんと意味があることを知ってもらえたらと思います。

特別な人だけが建築家と家を建てるの？

こだわりがないと建築家には頼めない？

建築家が建てる家というと、みなさんはどのようなイメージがあるでしょうか。コンクリート打ちっぱなし、ガラス張りのお風呂、らせん階段……など、「デザイナーズ」と呼ばれる建物を思い浮かべる人が多いかもしれません。

建築家に設計を頼む人は、デザインやインテリアにこだわりのある人。そう思っている人はけっこういます。実際、私のところに訪ねてこられて、開口いちばん「こだわりがないので申し訳ないんですが」とおっしゃる方が少なからずいます。

あるとき、30代の素朴な雰囲気のご夫婦が、私の事務所に相談にやってきました。ご主

人が、

「特に要望はないんですが……」

と恐縮しながら言います。聞けば、デザインやインテリアにまったく興味がないとのこと。そこで私は、

「要望がなくてもいいんですよ、それでも家は建ちますから」

と答えました。

なぜ「こだわりのない」ご夫婦が「建築家」の事務所を訪ねてこられたかといいますと、私のところへ来る前に、親戚の大工さんに設計を頼んでみたものの、あまりうまくいかなかったとのこと。

建て主さんには、家に対する具体的な希望があるわけではありませんでした。ただ漠然としたイメージだけがあって、それをうまく言葉では説明できなかったそうです。すると、大工さんから一方的に、

「家には、床の間が必要だ」

「床の間には立派な柱があるもんだ」

などと言われ、大工さんの感覚で家づくりが進みそうになってしまいました。それで

困って私のところに相談しに来られたのです。

「特に要望はない」とのお話でしたが、よくよく伺ってみると、

・広い土地を手に入れてふたりで「畑をやりたい」

・奥さんは、ロードバイクを分解してまた組み立てるという珍しい趣味を持っている

・漬物や梅干しを手づくりしている

など、そのご夫婦ならではの「理想の暮らしのイメージ」が浮き上がってきました。

畑をやるなら、鋤《すき》や鍬《くわ》などの道具がたくさんあるはずです。道具を置いたり、収穫した野菜を保管して干したりする場所が必要です。「土間がいりますね」と提案して、収納棚を備えた長めの広い土間をつくりました。居間からお風呂、洗面所、トイレに行くときは、土間の飛び石の上をピョンピョンと渡っていかなくてはならない間取り。

こんな個性的な案は通らないだろうと、参考までに出した案を気に入っていただきました。家ができあがり、その暮らしぶりを見ていますと、「特に要望がない」人の家ではありません（39ページ写真参照）。

南北に土間を配置し、玄関から裏口まで通り抜けられる設計に。飛び石は大きな柱材（ヒノキ）を使用。

半屋外の庇部分を大きく取った。農作業をしていて雨が降ったら逃げ込める。作業の合間にお弁当を食べたり、東屋代わりに利用できるスペース。

土間の左右にある収納スペース。梅干し、漬物など、手づくりの保存食が並ぶ。

肥料用の落ち葉をためておく囲いは、建て主さんお手製。

（写真すべて「畑のある家」）

自分なりの要望というのは、最初からだれもが言語化できているわけではありません。まだ言葉になっていない、ぼんやりとした要望を形にしていくのが建築家の仕事なのです。

本や雑誌では、建築家が建てた斬新でスタイリッシュな家であふれています。

でも、それは一部の話です。建築家というのは、「こんなふうに暮らせたらいいな」という建て主さんの「なんとなく」を形にしていくパートナー。そんなふうにとらえていただけたらうれしいです。

建つまでのプロセスを経験できるメリット

一軒の家ができるまでには、何段階もの工程を経て完成に至ります。家を「建てる」というやり方を選んだ場合、このプロセスを一から経験できます。それがのちのちの満足度に大きく関わってくる、というのが私の考えです。

設計段階はもちろん、実際に工事が始まり、大工さん、左官屋さん、ガラス屋さん、各設備の業者さんが、一つひとつ気持ちをこめて手でつくるのが、「家」。

建て主さんからよく聞くのは、「たくさんの職人さんたちの丁寧な仕事の積み重ねで家ができあがっていく様子を見て、感動しました」という言葉です。涙を流される建て主さんも少なくありません。これは私たち設計者も同じで、気持ちのこもった仕事ぶりにグッとくることがあります。

また、どんな人がどんなふうにつくったのかを間近に見ていると、長く大切に住もうという気もわいてきます。

パンチパーマで見た目が怖かったけど、とてもやさしかった大工のTさん。やんちゃなイメージだけど、ストイックに仕事に打ち込む現場監督のOさん。Aさんはひとつの作業を終えると、必ず周辺を掃除していて、いつも現場がきれいだった。子ども好きの板金屋のHさんは、あのとき4歳だった息子と、たくさん遊んでくれたな。

こうして**家づくりの経験すべてが思い出となって、家族のあいだに残っていきます。**

以上は精神的な満足度に関わることですが、実用的なメリットもあります。

家を建てるまでには、設計者や施工者などいろんな人と顔を合わせます。そうした人たちとの付き合いは、家が完成したあともずっと続きます。住んでみて何か不具合が起きたとき、**だれに何を相談すればいいかわかっている**ことも大きな利点です。

トイレがつまってしまった、台風でガラスが割れた、給湯器が故障したという緊急事態はもちろん、子どもが小学生になったので個室をつくりたい、そろそろ外壁や屋根の塗り替え時期かな、という長期スパンで考える事柄についても、「相談相手の顔がすぐ浮かぶ」というのは、生活に安心感をもたらします。

私自身も、家ができあがったあとに、「庭に木を植えたいけれど、どんな種類がいいですか?」とか、「ダイニングテーブルを買い替えたいけれど、家に合うものをアドバイスしてほしい」など、家と住み手の好みを熟知しているからこそのご相談をいただくことがあり、それはとてもうれしいものです。

家を手に入れることは、一生の一大事です。

多額のお金がかかりますし、日々の暮らしを大きく左右します。長く心地よく、住みやすく、といったこともちろん大切なことですが、「○○さんたちが一生懸命つくってくれたこの家が大好き」「すごく気に入ってる」と心から満足して毎日を暮らせることは、何よりもすばらしいことだと思うのです。

いつも笑顔満点で現場を楽しくしてくれる左官屋さん。外壁の掻き落とし作業中。シラス壁を剣山のような針で削り、テクスチャーをつけています。

建て主さんに大人気の大工さん。バルコニーの手すりをつくっているところ。

基礎工事中の鳶さん。みんな力持ちでチームワークでテキパキ作業してくれます。

あなたの「ふつう」は「ふつう」じゃない?

「ふつう」は人によって違う

建て主さんがよく言うフレーズに、

「ふつうでいいんです」

というものがあります。

ふつうの家でいいのなら、建売住宅でもかまわないのではないかと思うかもしれません。建売住宅は、多くの人の好みを反映してつくられているはずです。売れないリスクを排除するために、「最大公約数」になっているのですから。けれど、相談に来る人は「私が住みたいふつうの家がないんです」と言います。

「ふつうの家がない」とは、矛盾した言い方に思えます。でも、実はこの「ふつう」にこそ、その人の生活スタイルや好みが潜んでいることが多いのです。

たとえば、あなたの家ではバスタオルをどんなふうに使っていますか？

「なんでそんなことを聞くの？」と思ったかもしれません。でも、これが家庭によってさまざまなんです。これまで私が聞いたなかでは、「家族それぞれ別で、何日か使ってから洗濯する」という人もいましたし、「家族共用で、毎日洗う」という人もいました。ほかに「大人と子どもは別」という人もいました。

それぞれの人が自分の家のルールを「ふつう」だと思っています。だから「うちはバスタオルをこう使っています」などと、わざわざ設計者に伝えたりはしません。

でも、4人家族でそれぞれ別のバスタオルを使っている家のバスルームに、短いタオル掛けが1本しかないとしたら……。掛けるところが足りないと思うに違いありません。そういう家には、長いタオル掛けが2本くらいは必要でしょう。逆に毎日洗う家ならば、長いタオル掛けが2本もあったらじゃまです。無駄な費用とスペースを使うことになります。

自分の「ふつう」は、他人の「ふつう」と同じとは限らない。「ふつう」といっても、人によってかなり幅があるものなのです。

自分の「ふつう」を知る

「ふつう」は、これまでの暮らしのなかで見慣れてきたものだったり、無意識のうちにやっていることだったりします。

私が設計を手がけるときは、まず建て主さんに「住宅調書」というものをお渡しして、こまかく希望を書いてもらいます。書いてみてはじめて、自分の「ふつう」に気がつく建て主さんもたくさんいます。

たとえば、ある女性の方がお風呂の追い炊き機能が必要か、必要でないかを答える欄を見て、

「え、みなさんはだれかが入ったお湯にもう1回入るんですか？」

と驚いていました。その方は、自分がお風呂に入ったら、必ずお湯を抜いて出るのが当たり前だと思っていたそうです。まさか、お湯を沸かし直す人がいるなんて思ってもみなかったと言っていました。

けれど、一般には追い炊き機能はあったほうがいいものとされています。もし聞かれな

ければ、自動的に追い炊き機能がついていたかもしれません。追い炊き機能がつけば、そのぶんの費用も余計にかかります。その人は、使わないものに余分なお金を払っていたかもしれないのです。

「ふつう」は無意識です。「自分のふつうの特徴」に、気づくのはなかなか難しいでしょう。でも、「ふつう」を知らなければ、必要でないものにお金をかけてしまったり、いつも自然にやっていたことがスムーズにできなくなったりします。

自分の「ふつう」を知ること。

それは、自分にとって心地いい暮らしを手に入れるためにはとても大切なことです。

家を買って、世間の「ふつう」に合わせるのではなく、自分の「ふつう」を住まいに反映させる。家を「建てる」意味は、そこにあります。

自分と家族の暮らしを見つめる作業

注文住宅は、基本的に「自由に、希望通りに」家を建てられます。自由に建てられるということは、裏を返せば、自分や家族の希望を「知る」という作業です。希望というと、デザイン的な好み、間取り、素材などをイメージしがちですが、もっともっと深い部分を追求するのです。

自分と家族は、どんな暮らしがしたいのか考える。

さらにいうと、

自分たち家族の幸福を定義すること。

この作業なしに、家族が幸せに暮らせる家は建ちません。

大変な作業に感じるかもしれませんが、私は、「暮らしを見つめ、幸せを実現する家を建てる」からこそ、「買う」のではなく「建てる」意味があるのではないかと思うのです。

では実際に、次の章から、いっしょに暮らしを見つめる作業をしていきましょう。

column 1 住体験をたどる旅①

原点に帰る

「自分はこんな家に住みたい」と、最初からはっきり言うことは、なかなか難しいことだと思います。雑誌のきれいな写真に影響されたり、流行のデザインがかっこよく見えたり、すでにある「かたち」に、どうしてもとらわれてしまうもの。

私が自宅を設計したときも同じでした。いろいろ試したいこともありましたし、影響を受けた名建築のイメージが思い浮かんだり、流行のデザインを取り込むべきかと悩んだりしました。

しばらく考えがまとまらずにいましたが、あるとき、原点に帰ろう！　とすべてを白紙に戻して、自分の心の記憶のなかにある「家」のイメージをたどってみました。すると、迷いが消えて、「自分たち家族が心地よい家」が、具体的に像を結んできたのです。

自分が体験して感じたこと。

これに勝るものはありません。その感覚を大切にすることが、家を建てるうえで何より重要だと思います。理想の家は、自分の外ではなく内にあるのです。

読者の方にもぜひ、これまでの「住体験」を振り返っていただき、「感覚」を研ぎすませて後悔のない家づくりをしていただきたい。振り返りのヒントになれば、という思いで、私自身の「家の記憶をたどる作業」を、ご紹介していきます。

生まれ育った家

農家だった祖父が建てた、古い平屋の家で私は生まれ育ちました。いまなら古民家などと呼ばれる部類の家です。祖父、祖母、父、母、姉、兄、そして私の7人家族（＋犬と小鳥）。家の南側は広い畑で、季節の野菜は何でもありました。

道を挟んだ西隣は大工さんが木材の加工をおこなったり、材料を置く下小屋でした。北側は植木屋さんでした。敷地内には古い納屋が立ち、昔の生活道具や農具、工具やガラクタがびっしり詰まっていて、探検ごっこができました。家の南側と西側には縁側がぐるっと回り、祖父母の古くからの友人たちが、毎日縁側にお茶を飲みにやってきました。朝から日が落ちる直前まで、日だまりが続く、本当に居心地のよい場所でした。

玄関はもともと広い土間で、やがてそこが板間に変わり、テレビが置かれ、コタツが置かれ、6畳ほどの居間になりました。玄関の引き戸を開けるとすぐに居間。外から来客があるとちょっと困る間取りでした。

家の間取りは昔ながらの田の字型プラン。各部屋の仕切りはほとんどなく、柱と柱のあいだにふすまや障子が入っているだけです。

ふすまをはずすと家のなかは大広間になり、法事や祝い事があると近所の親戚や知り合い

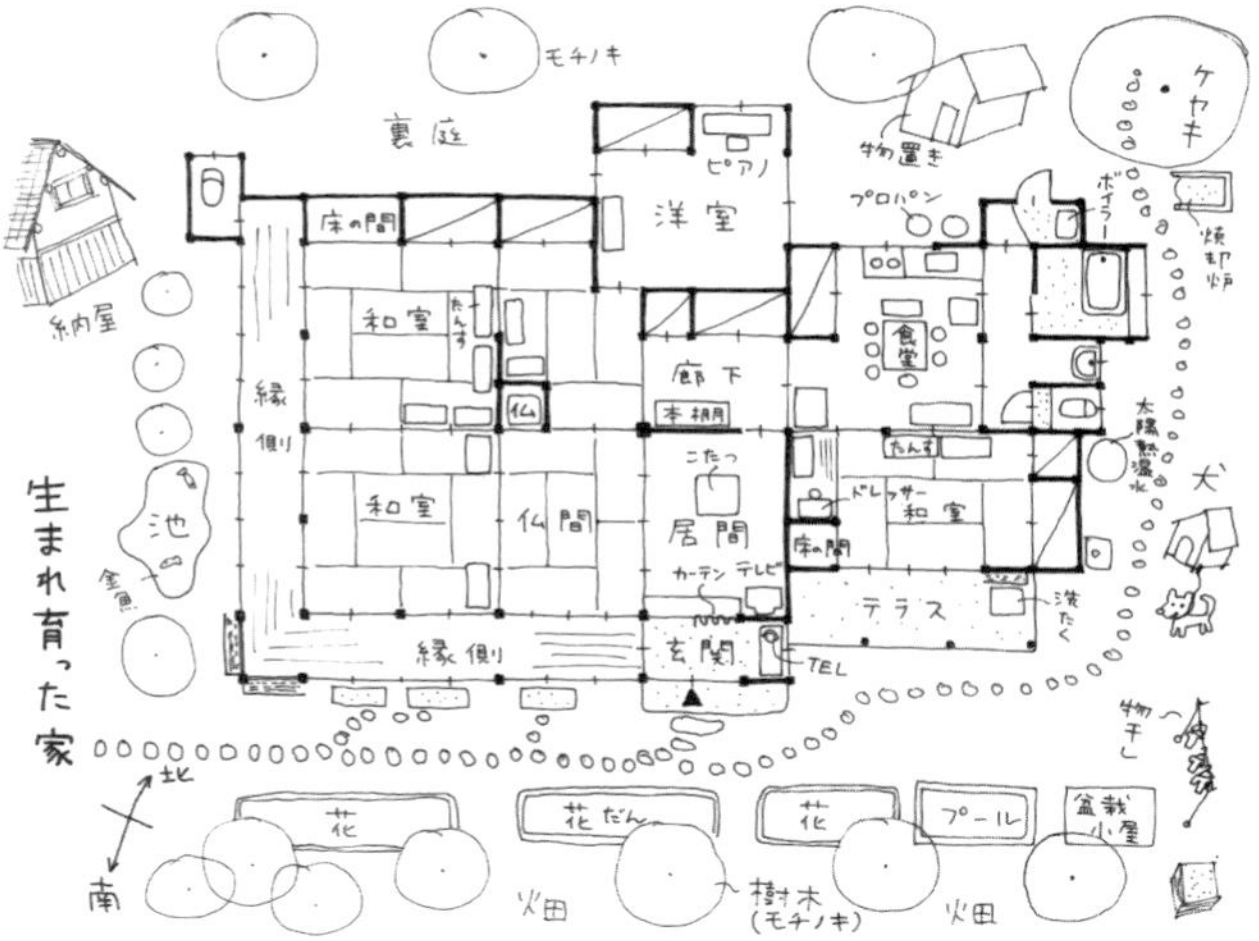

が大勢集まりました。プライバシーは確保しにくかったのですが、風通しのよい開放的な間取りでした。

私たち兄弟は（双子の兄がいます）、小学校入学までは両親といっしょの部屋で寝ていました。その部屋は両親が結婚したときに増築された部屋で、ほかの場所より少しだけ新しい感じがしました。タンスがいくつも置かれ、化粧ドレッサーが置かれ、布団の下に敷くマットレスが部屋の隅に立て掛けられていて、少し狭く感じました。

小学校に入ったころ、姉のために裏庭側に「洋室」が増築され、ピアノがやってきました。私たち兄弟の学習机もその部屋に置かせてもらい、和風の家で育った私たちにとって、少なからず洋風の雰囲気を感じることができた唯一の部屋でした（でも、なぜか居心地はあまりよくなくて、その部屋で勉強した記憶はほとんどありません。しばらくして姉に部屋を追い出されましたし……）。

その後、家のなかを転々とした双子がたどり着いたのは、祖母の部屋でした。家の北西側にある8畳の和室を、祖母がひとりで使っていました。日中は学校へ行き部活もありましたから、自分の部屋を使うのは、ちょっと宿題をやって寝るときだけです。とはいえ年ごろの中学生男子！　祖母と同じ部屋では友だちは呼べません。部屋にはやはりタンスがいくつもあり、タンスの上のガラスケースには、旅行土産の古びたこけし。長押《なげし》には提灯がかかり、薄暗い床の間には使われなくなったカラオケセットが押し込まれていました。

高校生になり、国語の授業で谷崎潤一郎さんの『陰影礼賛』が取り上げられました（『陰影礼賛』は日本の建築を勉強する人に、いまでもバイブルのように読まれている名著です）。読書感想文を書いてくることが宿題になり、作文が苦手だった私は、自分の部屋に対する不満（古い、暗い、寒い、壁がなくて、いつどのふすまが開き人が入ってくるかわからない、祖母といっしょ、床の間にはカラオケセット、たくさんのこけし……）をただただ感想文にぶちまけました。相当に不満がたまっていたのでしょうね。

ところがそんな感想文が先生に好評で、学年中の授業で読まれることになったのです。私としては複雑な気持ち。日本建築の陰影をほめ讃えるべきところを、17歳にもなって祖母といっしょに寝ていることを、学年中に知らせてしまったのですから。（コラム2に続く）

第２章

建てたい家＝
実現したい
暮らしを考える

知識ゼロから「住みたい家」をイメージしてみる

間取り以前に大事なこと

「家を建てたいんですけど……」と事務所を訪れた方に、私はまず最初に「どんな家に住みたいですか？」と聞くことにしています。

建売物件なら、最初から間取り図もあって、内見もできます。「この家はリビングが南側に向いているな」「トイレが1階と2階にあるんだな」と、実際に目で見て判断できます。

でも、ゼロから建てるとなると、まだこの世には存在していない、目に見えないものをイメージしなければいけません。

その家で、自分はどんな暮らしをしたいんだろう。

どんな家だったら、自分は心地よいと感じるんだろう。

「暮らし」のイメージを固めることが、自分らしい住まいをつくる第一歩です。土地や建築家を探すにしても、間取りを考えるにしても、「理想の暮らし」のイメージがはっきりしていれば、そこを軸に具体的に考えていくことができます。けれど、実際にはこの大切なステップをパパッとすませてしまう人が意外と多いのです。

家を建てよう、土地を探そう、どこかに依頼しよう、じゃあ次は間取りだ！　なんて、短期間でどんどん進めてしまう。それで「来週には間取りの相談があるから、どういう家がいいか考えなくちゃ」なんて、テストの一夜漬けみたいにパッとその場の思いつきや、どこかの本で見た借りもののイメージで決めてしまう人が少なくありません。そして、いざ完成して住んでみたら、「何か違った」なんてことも……。

建て主さんに私からお願いしているのは、ふだんから「どんな暮らしがしたいか、どんな家に住みたいかな」と、頭の片隅にでも入れておいてください、ということ。

もし、読者の方が、まだ土地も決まっていない、頭金も貯まっていないという状態でしたら、それはとてもラッキーなことです。「イメージを固める時間がたっぷりある」ということだからです。

「どんな家がいいかな」と思いながら日々暮らしているときに「ああ、あんな家がいいな」と参考になる家が見つかったり、電車のなかでふと「こういう空間がほしいかな」と思いついたりするでしょう。そんなふうに、ちょっとずつ住みたい家のイメージをふくらませてみてください。

本屋さんに行くのはまだ早い？

先ほどの「どんな家に住みたいですか？」という質問。答えはさまざまです。

「日当たりがよくて風通しがいい家に住みたいです」
「あまり部屋を区切らず広々した家がいいです」
「自然素材でつくりたいです」

住み心地や雰囲気を重視する人、ざっくりとした間取りに言及する人、素材を挙げる人。「光熱費がかからない家」とか「寒くない家」と答える人もいます。どれが正解というわけではありません。自由に思いついたことを言ってもらっていいのです。

なかには言葉ではなく、建築雑誌の切り抜きや本などの写真を見せてくれる人もいます。自分でいろいろと勉強するのは決して悪いことではありません。ですが、少し気になることがあります。

「家を建てたい！」と思った人の多くが、まずは書店に行って、建築やインテリア関係の本や雑誌を手に取ると思います。でも、住みたい家のイメージが固まる前に、具体的な事例をたくさん見てしまうことは、ちょっと危険かもしれないと思います。なぜなら、出版物には最新の情報ばかりがメインに取り上げられているからです。

ファッション誌を思い浮かべてみてください。

誌面には、10年前にはやったファッションなんていっさい載っていませんよね。いまのトレンドや最新のスタイルが全面に押し出されています。建築雑誌も同じです。そういう事例をたくさん見てしまうと、なんとなくいまこういうふうに建てなくちゃいけないのかなと思ってしまいがちです。でも、それが本当に自分の住みたい家かというと……。それはまた違うのではないでしょうか。

10年経って、自分の暮らしには合わなくなってしまったとか、時代遅れに見える外観でちょっと恥ずかしいとか、そうなっても簡単には建て替えられないのが家です。

まずは何も情報を持たずに、どんな家にしたいかを考えてみましょう。そうして、ある程度イメージを整理してからでも、本屋さんに行くのは遅くはありません。

理想をすべて出しきる

とはいえ、何の知識もないところから、「住みたい家」をイメージするのは大変です。そこでおすすめしたいのは、理想をすべて書き出してみること。具体的な要望でも、ふわっとしたイメージでもかまいません。

とにかく、思いつくことをすべて書いてみるのです。理想を1回出しきるからこそ、優先順位をつけて、取捨選択できます。

基本的に理想はいっぱいあったほうがいいと、私は思っています。この際、予算のことは横に置いておきましょう。「池のあるお庭があって川が流れている」なんてスケールが大きい夢でもOKです。あるだけ全部、理想を書き出してみてください。

さらに、家族全員で「住まい会議」を開いて、それぞれ理想を出し合ってみましょう。

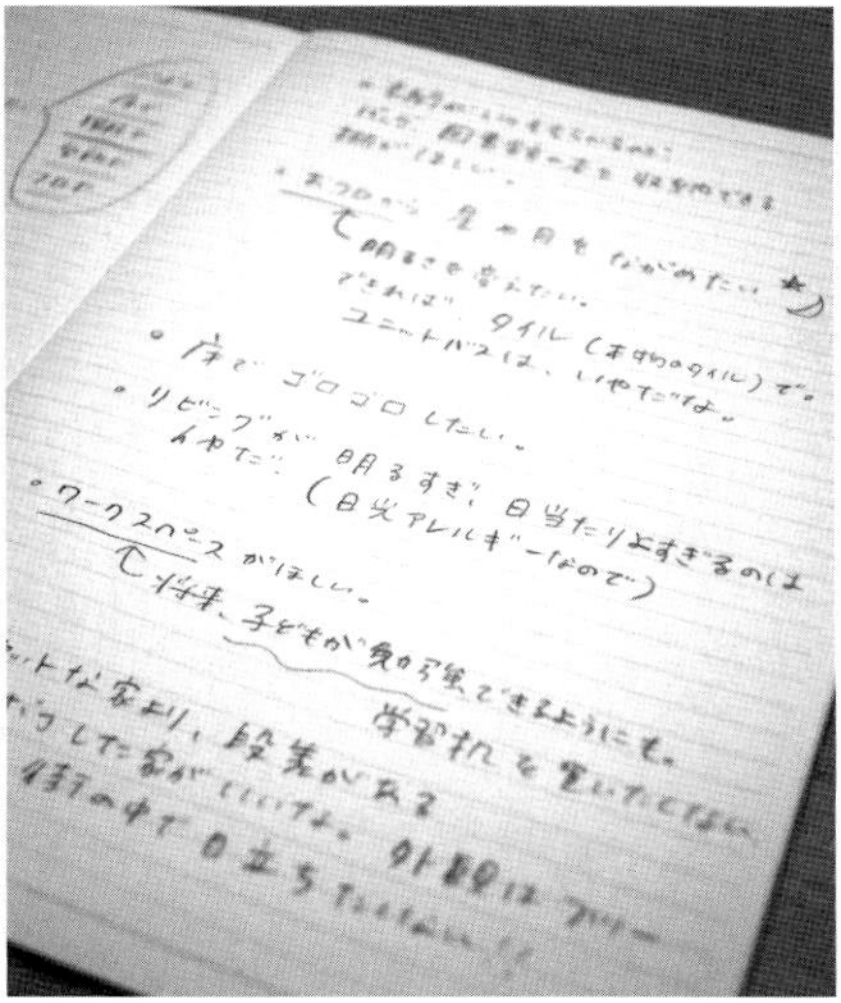

みんなでわいわい「窓から星が見えたらいいな」「たくさん人を呼べる家がいいな」などと話をしながら、出た意見を一つひとつ書きとめていくのです。「お父さんと○○ちゃんの意見は似ているね」と、はじめて気づくこともあるでしょう。そうしてお互いの理想を共有することも大切です。

理想がたくさんあると、建築家は大変だろうと遠慮する人もいるかもしれません。もちろん夢の数が多ければ、整理するのは大変です。けれど、それだけヒントがたくさんあるということ。どうすれば夢をかなえられるか、考えがいがあるというものです。経験上、あとで後悔のないように、**一度全部の要望を出しきることが大切**だと実感しています。

何度も見返すことができるよう、1冊「家ノート」をつくって、日付と「やりたいこと」「理想の暮らし」を書きつけていきます。すべての理想を出しきったら、優先順位をつけていきます。絶対にかなえたいこと、余裕があればやってみたいこと、そのメリハリをノートに記しておくのです。

いままでの住まいを振り返る

「住みたい家」をイメージするときに、ヒントとなるのが、これまで自分が住んできた歴代の住まいです。過去の住環境は、思った以上にその人の現在の暮らしに大きな影響を与えています。

たとえば、「家を建てたらリビングにソファを置きたい」という人はけっこういます。でも、私は建て主さんに「本当にソファは必要ですか?」と聞くようにしています。ソファを置くためにはかなりのスペースが必要ですが、せっかく置いたにもかかわらず、「座らない」という例がよくあるからです。ソファがあるのに床に座って、ソファは背もたれ代わりと物置きになっていたりするんですね。それまで何十年も床に座る生活をしてきていると、いざソファを手に入れてもなんだか慣れなくて、座らないことが多い。習慣というのは、案外根強いものなのです。

まず自由に理想を描いてみます。

そして、理想を描いたら、それが現実的に自分に合っているのか、人の価値観やイメージ先行で植えつけられた「憧れ」なのか、判断していく必要があります。

そのときに大きな手がかりとなるのが、昔住んでいた家です。

私自身、自分の家を建てるときに判断の決め手になったのは、子どものころから大学生まで住んでいた家でした。そばに納屋があって、いつもはしごで上って探検ごっこをして遊ぶのが大好きでした。それを思い出して、いまの家にはしごで上る小屋裏（屋根裏）をつくりました。その空間は、家のなかでもとても気に入っています。大人になったいまでも、あのころの記憶がよみがえってきて、なんだかわくわくしてしまうのです。

みなさんも記憶をたどってみてください。

小さいころに住んでいた団地。中学生のときに引っ越した一軒家。毎年夏になると訪れていた田舎のおばあちゃんの家。社会人になってから住み始めたアパート。よく遊びに行った友だちの家も加えてもいいでしょう。

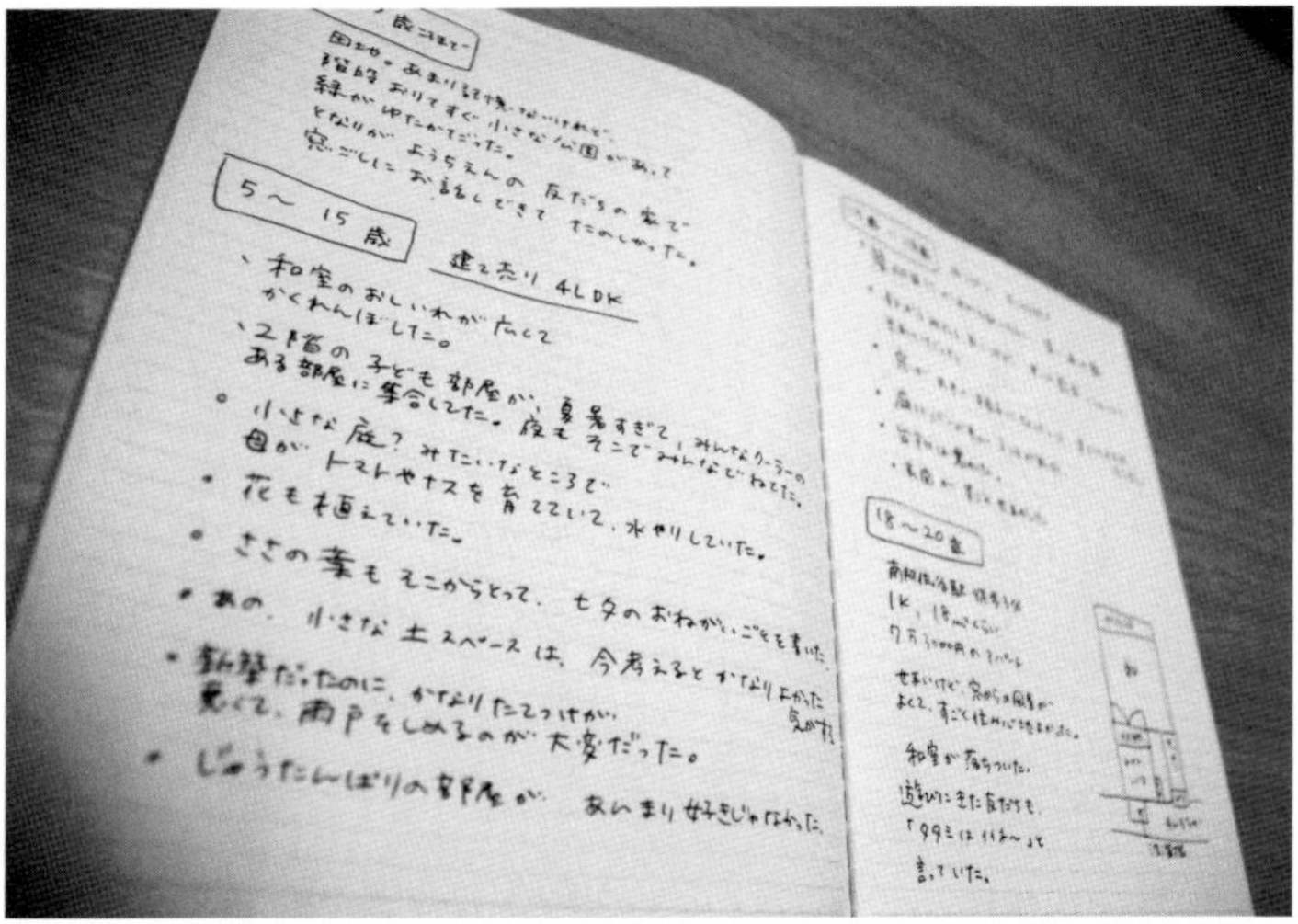

あなたは、その家のどんなところが気に入っていましたか？

あるいは、どんなところが使いにくいと思っていましたか？

思い返すと、さまざまなことがよみがえってくると思います。「あの家は日当たりがよくて気持ちよかったなあ」「まわりが静かでよかったな」などと、よかったところを思い出した人もいるでしょう。逆に「あの家は冬に寒くて寒くて耐えられなかったな」「台所が狭くて料理がしにくかったな」と、ダメなところを思い出した人もいると思います。

そうした思い出を総合してみると、「日当たりがポイントなんだな」「環境がいちばん大切かも」と、自分が住まいに何を求めているかが見えてくると思います。住まいの記憶は、等身大の「住みたい家」を、具体的にイメージするためのヒントが詰まっているのです。

お気に入りの家具から考える

もしあなたがお気に入りの家具を持っているとしたら、それを出発点にしてみてください。その家具の色や風合い、手ざわり。それがしっくり収まるのはどんな空間だろうと考えてみるのです。

ある建て主さんで、いま使っているダイニングセットがとても気に入っているという方がいました。好きな家具屋さんで揃えたというそのテーブルは、ナラの木でできていました。

ひと口に木といっても、建材に使われる木にはいろんな種類があります。ナラの木は木目が美しく、硬いという特徴があり、フローリングにも適しています。その方は硬い質感が気に入っているとのことだったので、床材に取り入れることにしました。

あるご家族は、大切に使っていた丸形のちゃぶ台をお持ちでした。いつもこのちゃぶ台を囲んで食事をしているとのことで、新しい家の間取りも居間はタタミ敷き、中央にちゃぶ台が置ける設計にしました。さらに、そのちゃぶ台をつくった家具職人さんにキッチンや食器棚を依頼し、無垢の木で統一された素敵なリビングができあがりました。

気に入った椅子が一脚あれば、それだけで心地いい空間をつくることができます。**椅子は、自分だけの空間をつくる最小単位。**住まいはそれが広がると考えればイメージしやすいでしょう。

建築家にとって、建て主さんにお気に入りの家具があるということは、私自身の経験からいっても仕事がしやすいものです。家具は、その人の好みを理解する手がかりになります。

ですから、いつか家を建てたい人には、椅子一脚でもいいので、お気に入りのものを探すことをおすすめしたい。家を建ててから家具を揃えようという人も多いのですが、一気に揃えようとすると予算的にも大変です。

ふだんから、好きな家具を少しずつ集めること。それが近い将来、家を建てるときにきっと役に立つと思います。

「黒と木のコンビネーションが好きなんです」と見せていただいたお気に入りの椅子。階段の手すりを黒のアイアンにするなど、デザインの参考になった（本棚のある家）。

ちゃぶ台を中心にリビングの設計を考えた。タタミ敷きの床に家族全員が集う（かわべの家）。

30年以上前に買って、ずっと気に入って使い続けてきたという北欧のランプとダイニングセットに、内装を合わせた例（グランドピアノのある家）。

まず、生活を見つめる

〝取り調べ〟で、はじめてわかること

私の事務所では、間取りを書く前に住宅調書という書類を書いてもらっています。間取り図を書いてしまうと、「リビングはもうちょっと広くしたい」「キッチンは対面にしたい」と、個別の話へ完全に頭が切り替わってしまう人が多いのです。だから、ちょっと待った。その前に調書を書いてもらって、できるだけ具体的に自分と家族の「本当の」要望、好み、ライフスタイルを明らかにしていきます。真実を追及する取り調べのようなものです。

住宅調書は、大きく次の5項目に分かれています。

・家族構成／ライフスタイルについて
・全体のイメージ・外構計画（外構とは建物の外観を含めた外の空間全体のこと）
・各部屋の希望
・設備計画
・持ち込み家具リスト

どうせ会って打ち合わせをするなら、口頭で聞いてもいいのでは？　と思うかもしれません。でも、紙に書いてもらうことが重要なのです。

住宅調書を書いてもらう目的は、いくつかあります。

まずは、私が建て主さんのことを理解するため。

「こんなこと言う必要ないかな」とか「当たり前だから言わなくていいか」という事柄が、調書には書いてあります。前述したその人ならではの「ふつう」が読み取れるのです。

すべての項目が参考になるとは限りませんが、どこかしらヒントが隠されているものです。どんなことが書いてあっても、読むとその方に興味がわきます。建て主さんとの距離がぐっと近づくのです。

そして、建て主さん自身が「自分の暮らしを考える、知る」きっかけをつくるのが、調書の大きな目的です。

調書には、**家族それぞれ**の答えを書く欄があります。打ち合わせに、家族全員が揃って来られるとは限りませんし、たとえ、ご夫婦がふたりいっしょに打ち合わせにいらしたとしても、奥さんがずっと話していて、旦那さんは横でうなずくだけ。最後にぽつりと「足が伸ばせる広いお風呂がいいなあ」とつぶやく……なんてケースもよくあります。

長い付き合いの夫婦でも、お互い知っているようで、意外と知らないことがたくさんあるものです。たとえば「好きな場所」の項目で、奥さまは「図書館」、ご主人は「100円ショップ」と書き込みがあり、お互い「知らなかった！」と驚かれていたり。「実は自分だけの個室がほしい」という要望があったり、「いびきが気になって眠れないので、寝室を分けてほしい」なんてことも。

書くことによって、自分自身についても、そして家族についてもお互いに知ることができるのです。

本書の巻末に、調書の一部を載せましたので、参考までに書き込んでみてください。ポイントは、家族全員それぞれが自分で記入することです！

自分のライフスタイルを知る

では住宅調書の項目を、具体的にいくつか見ていきましょう。それぞれどんな意図があるかもあわせてお伝えしていきます。

・基本情報（名前、続柄、職業、年齢、生年月日、性別、身長）

このなかで特に重要なのが身長です。あとに出てくる「料理をしますか？」という質問とも絡んできますが、夫婦のどちらかだけ、もしくは夫婦ふたりとも料理をするという場合では、流し台の高さが変わります。また、収納や棚も、だれがメインで使うかによって高さが変わってくるでしょう。天井の高さにしても、１６０センチの人と１８０センチの人では感じ方が変わってきます。

・起床、就寝時間

家族のライフスタイルを確認することができます。家族で時間差がある場合は、家づくりにも工夫が必要です。夫婦の起床、就寝時間が大きくズレている場合は、寝室を分けたほうがいいこともあります。また、毎日家族で揃って食事をするか、朝はバラバラで夜はいっしょなのかなど、食事の時間はダイニングの設計にも関係してきます。みんなでゆっくり食卓を囲む時間が多いご家庭には、リビングのソファ空間よりも、大きなテーブルにゆったりくつろげるスペースを設けたほうがよいこともあります。

・家で仕事や勉強をしますか？

家で仕事や勉強をする場合は、専用のワークスペースが必要になります。その内容によって、場所を広く取る必要があるのか、窓際にちょっと机がある程度でいいのかなどの判断ができます。最近、「子ども部屋ではなく、リビングで勉強させたい」という要望が多く、ダイニングテーブルを大きくして勉強机と共用するなどの案を出すこともあります。

また、コロナ禍以降、在宅でのテレワークやオンライン授業が当たり前になりつつあります。そのため、オンライン会議中に生活音が入ってしまったり、同じ空間に家族がいて集中できなかったりするのを避けるため、家族それぞれの居場所を分散して設置するケースもあります。「書斎」や「親の個室」が欲しいという要望も増えました。

・料理をしますか？（得意料理は？）

料理をするかしないかは、キッチンスペースの取り方に影響します。キッチンに力を入れたい人が、必ずしも料理好きとは限りません。なかにはあまり料理をしないのに、雑誌で目にした業務用キッチンの見た目がかっこよかったからと、高価な装備を希望する人もいます。必要以上に予算を使わないためにも、客観的な判断をしましょう。得意料理がそばやパンという人であれば、作業スペースの確保を検討します。また、調味料や食器、なべの数も、人によってかなりの差があります。

・好きな家事は？　嫌いな家事は？

快適に家を保つために、必ず考えておきたい項目です。なかでも注目したいのは、掃除や整理整頓について。あなたは掃除や整理整頓は好きですか？

以前、整理整頓が好きという建て主さんに、パントリー（食品庫）を玄関からリビングまでの通路に設置する提案をしました。通路にパントリーがあるのは、使い勝手がいいのですが、片づけられない人には向いていません。人が通る場所＝人に見られる場所だからです。でも、好きな家事の欄に「整理整頓」と書かれるくらいの人です。この方ならいつも片づいているだろうなと判断しました（予想は的中でした）。

逆に整理整頓や掃除が苦手という人は、ざっくりおおらかに片づけられる家にしたほうがストレスなく暮らせるでしょう。パントリーは、だれかが来たときでもパッとものを押し込んで隠せるよう、人目につかない場所に設置。空間をこまかく区切らず、掃除機がざっとかけられるような間取りにすることもポイントです。

また、汚れやすい素材や色も避けたほうがいいのです。たとえば、掃除が嫌いな人に真っ白、あるいはダークな色の床はおすすめしません。ダークな色だと汚れが目立たないように思うかもしれませんが、じつはホコリがいちばん目立ちやすいんです。逆に白い床の場合は、落ちている髪の毛が目立ちます。掃除嫌いな人がダークな色や真っ白を希望したときは、いつも「けっこう大変ですよ」と確認するようにしています。

・休日のすごし方を教えてください

この欄には、多くの方が趣味を書きます。キャンプやサーフィン、自転車というアウトドア派には、収納や道具の手入れ場所を考慮しなければいけません。反対にお花やお茶などのインドア派は、和室が必要か検討します。

読書が趣味で、家中あらゆる場所で本を読みたい、という方もいます。

以前担当したお宅で、バルコニーにかなり広い洗濯物干し場と、靴洗いスペースを設けたことがあります。息子さんふたりが体育会系の部活に所属していて、ユニフォームやタオルなどの洗濯物が毎日大量にあること、毎週末、靴と上靴とスパイクを洗うということで、建て主さんといっしょに考えた設計でした。

・1日の生活パターンを具体的に

家事や睡眠、趣味などをどんな時間帯におこなうかで、間取りも変わってきます。たとえば、寝室に入って読書してから寝るという人と、すぐにパッと寝る人では、設計が違います。読書する人には読書灯など照明に配慮する必要がありますが、パッと寝る人には最低限、ベッドや布団を置けるスペースがあればいいでしょう。そのほかにも、

・朝、お風呂に入る習慣がある→朝日の入る気持ちのよい場所にお風呂を設置

・出勤や通学の時間が重なる家族→トイレと洗面所の動線や個数をよく検討する

など、家族全員の生活パターンがこまかい設計にかなり関係してくるのです。

・**趣味は？**

休日のすごし方の項目でアウトドア派、インドア派の話をしましたが、コレクションが趣味という人もいます。ひとくちにコレクションといっても、スターウォーズのミニフィギュア、ミニカー、バービー人形、腕時計、阪神タイガースの応援グッズ、すもうグッズ（番付表、サイン色紙、手形、相撲雑誌）、ムーミングッズなど、本当にさまざまでした。

・**幸せだと思うのはどんなとき？**

この質問は、住む人の価値観がいちばんよくわかります。いままで私がすごく印象的だった答えに、「夫婦ふたりで並んでテレビを見たり、音楽を聞きながら、コーヒーを飲んでくつろぐとき」というものがあります。ソファから目に入るダイニングの窓を出窓にして、ふたりの思い出の写真が飾れるよう設計しました。さらに、照度を少し落とすことでふたりだけのゆったりとした時間をすごしてほしいと、照明を調光可能にしました。

・**好きなもの（こと）、嫌いなもの（こと）**

「生活ペースが乱れること」「人の悪口を言うこと」といった「状況・行動」から、「ゴキブリ」といった「もの」を書く人まで多岐にわたります。建て主さんの人間性を知るヒントになります。

・お酒は飲みますか？

調書をいただいて、私がいつも最初に確認するのがこの欄です。飲む人と飲まない人とでは、ダイニングの使い方がかなり変わるからです。飲む人は、食事時間（晩酌時間）が長く、ダイニングで長時間すごすので、リラックスできる空間づくりを心がけます。大きくて低めの食卓を置いたり、すみにタタミコーナーをつくって、ちょっとごろっとできる場所をつくったり、工夫の仕方はいろいろあります。飲まない人からは、ダイニングとは別に自分の居場所がほしいという要望がけっこうあります。

また空き缶やビンのゴミの量も大きく違います。ビールをケース買いする場合など、収納のつくり方も変わってきます。

・来客は多いですか？

来客が多い場合は、ほかの家族の生活を乱さないよう寝室やバスルームなどの位置を考慮したいものです。リビングに直接面したトイレは、音が気になって使いにくいので、ワンクッション空間を設けるなど工夫が必要です。お風呂の動線に関しては、特に女性はお風呂あがりに来客の前を通らなくてはならない間取りだと、来客時にお風呂に入れません。

また、宿泊客が泊まる客間がほしいという要望が多いのですが、よくよく聞いてみると、ご両親が年に一度か二度くらい泊まりに来る、というケースがほとんど。それだけのために独立した客間をつくるのはもったいないので、リビングの一角を可動式間仕切りで区切ったり、趣味のための部屋を一時的に使うなど考えます。

・自宅以外の好きな場所は？

どんな空間を心地よいと感じるかを知るためのヒントになります。調書には、広い公園や100円ショップと答える人から、具体的なお店の名前を書く人までいます。好きな場所が、広い公園という人と100円ショップという人とでは、きっと同じ家にはならないでしょう。自分が気に入っている空間があれば、なぜその空間を心地よいと感じるのか、ちょっと考えてみてください。

先々考えなければいけないことを知る

巻末では割愛しましたが、「設備計画」「持ち込み家具リスト」という項目もあります。照明やインターネットなどの電気設備や、すべての持ち込み家具のサイズを書いてもらいます。

これらの項目を最初の段階でイメージするのはむずかしいかもしれません。けれど、ここで一度希望を書いてもらうことが重要なのです。

すべて、いずれは考えなければいけないことです。

たとえば照明器具をどうするかなんて、現時点ではイメージがわかないかもしれません。でもいつかは必ず決めなければいけないこと。照明の打ち合わせに割ける時間は、1~2回程度。急に「来週決めましょう」となって、慌てて書店に駆け込む……なんてことのないように、**「先々、考えなければいけないこと」として、ちょっと頭に入れておいてほしいのです。**

では、「持ち込み家具リスト」はどうでしょうか。「まだ間取りも決まっていないのに、なんで寸法までこまかく書かなきゃいけないの」と思うかもしれません。でも、このリストを書く意味は3つあります。

ひとつ目は、間取り図を書く段階には、必ず必要になる情報だということ。

ふたつ目は、荷物の整理を意識するようになること。

納戸がほしいという方は多いですが、たいていは不要なものを納戸に押し込みたいんですね。でも、いらないもののためにスペースを使うのは非常にもったいないことです。だから、少しずつ荷物を整理していくことを意識してほしいのです。

もうひとつは、寸法に慣れること。

建築ではすべてミリ単位で表します。でも、突然「このカウンターは750ミリでいいですか？」なんて大きなケタを言われると、混乱してしまうでしょう。そのときに自分がふだん使っている机の高さが700ミリとわかっていたら、それを基準に判断できるようになります。

すべてを一気に書くのは難しいかもしれません。いまのところ、とりあえずはこういうことを考えなければいけないんだととらえておいてもらえればと思います。

5年後、10年後、20年後をイメージする

将来の変化に対応できる家を

「どんな家がいいですか?」という質問に対するよくある答えを、最後にもうひとつ挙げてみましょう。それは「長持ちする家がいいです」という回答。これはなかなかの難題です。「長持ち」には、いろんな意味がこめられているからです。

家は30年、40年経っても、朽ちて倒れるということは意外とありません。だいたいはまだ使えるのに壊されているのが実状です。だから、必ずしも耐久性が問題になっているわけではありません。

ではどうして壊すかというと、ライフスタイルに合わなくなったからという理由が多いのです。子どもが独立して、子ども部屋が空いてしまった。高齢になったので昔のつくり

の家では寒くて耐えられない。子ども世代が家を引き継いだけれど、親世代の間取りでは暮らしに合わない。そんな理由で壊されます。

将来のことを見据えたつくり方をしていれば、家はもっと長持ちします。だから、「住みたい」家をイメージするときに、少しだけ時間軸も取り入れてみてください。

20年後を想像してみると、もう子どもは独立しているだろう。そうしたら子ども部屋の仕切りは、いずれ取り外せるようにしておいたほうがいいかもしれない。

30年後を考えたとき、2階で洗濯した洗濯物を3階のベランダへ持って上がって干すのは骨が折れるかもしれない。

将来がどうなるかはわかりません。けれど、ほんの少し未来を想像することで、**変化に対応できる柔軟さを家に持たせておく**ことができるのです。

column

2

住体験をたどる旅②

はじめての個室

19歳のころ、突然家の建て替えがおこなわれました。それは鉄骨造の3階建て住宅。いまどきのアルミ製の玄関ドアつきで、縁側はなくなりました。

建て替えたとたん、毎日のように遊びに来ていた近所のお年寄りが、ぱたりと来なくなりました。祖母がときどき「前の家のままでよかったのに……」とこぼしていたことを、少し寂しく思い出します。

私は3階部分に、10畳もあるはじめての個室をもらいました。クローゼットが設置され、もうタンスはありません。床はタタミではなくフローリングです。入口のドアを閉めれば完全なプライベートスペース。自分用のテレビデオも置き（それまでは家族全員で1台のテレビを共用し、時代劇やすもうばかり）、友だちもよく遊びに来ました。

家族との関係も変わりました。いままでは、特に話をしなくても、だれかしら視界に入っていたのに、個室ができてから、自分の視界から家族が消えました。

はじめはすごく快適だったのですが、2～3年でその快適さにも飽きて、前の家が恋しくなりました。

社会人になりひとり暮らしを始めるまでの5～6年を、その部屋ですごしました。

ひとり暮らし

20代前半のサラリーマン時代は、深夜まで仕事をして、毎日終電に飛び乗るような状況でした。あまりにハードな毎日だったので、実家を出て、会社へ自転車で行ける便利な場所に、ひとり暮らしをすることにしました。

住んだのは、いわゆる木造1Kアパートです。水回りはトイレ・洗面・浴室の3点ユニット。部屋は6畳くらいで、1階の部屋でしたが小さなロフトがついていました。

大きな幹線道路の近くだったので、窓を開けると車の音がして空気が悪かった。日中の日当たりはほぼゼロ。ほとんど仕事に出ているのでまあいいかと軽く考えていましたが、毎朝薄暗いなかで目覚めるのは、思った以上に気が沈み、朝日が入らないことがこれほど自分の生活にとって苦痛になるのか、とはじめて気づかされました。

ちょっと憧れていた東京での生活。よいことも悪いこともいろいろありました。

悪いこととは、大家さんが鍵を変えておらず、前の住人(?)が私の留守中に入り込んでいたこと。何か変だなと感じていたのですが、ある日の昼間、ふいうちで帰宅したとき、掃き出しから逃げ出す人影が！　衝撃的でした。

よいことは、はじめて親の庇護下から自立し、料理を覚えたり、「生活すること」の意味を知ったことです。約2年間このアパートで暮らしました。（コラム3に続く）

第3章

建築家の選び方

建築家の役割

「現場監理」という大切な仕事

住みたい家がイメージできたら、次は相談相手となる建築家探しです。その前に建築家の役割をあらためて確認してみましょう。

建築家には、大きく分けてふたつの大事な仕事があります。ひとつが、設計して図面を書くこと。そしてもうひとつ重要なのが、「現場監理」です。現場監理は、簡単にいうと、書いた図面に沿って、きちんと工事がおこなわれているかを工事の現場に行って確認すること。これは**「設計したものに責任を持つ」**大切な仕事だと考えています。

家づくりに関わる工程は30以上もあります。その工程それぞれに専門の職人が入って作業をします。

・監督さん（現場の総責任者、采配をとる人。とても大事）
・大工さん（ふつうの規模ならひとりかふたりの大工さんでつくる）
・鳶《とび》さん（基礎をつくったり、土を掘ったり）
・地盤調査屋さん（土地の状況を調べる）
・解体屋さん（古家の解体）
・板金屋さん（屋根、雨どいなど）
・左官屋さん（土間、外壁下地など）
・タイル屋さん（風呂、キッチンの壁、玄関の土間など）
・サッシ屋さん、ガラス屋さん（窓まわり）
・建具《たてぐ》屋さん（室内ドアや障子、引き戸）
・塗装屋さん（外部・内部、床や建具の塗装など）
・クロス屋さん（壁紙を貼る、床のシートやカーペットも）
・鉄骨屋さん（鉄の骨組み作業）
・防蟻屋さん（白アリ対策）

・家具屋さん（つくりつけの収納など）
・水道屋さん（上下水道・配管工事）
・電気屋さん（配線・照明取り付け）
・空調屋さん（エアコンなど）
・材木屋さん（木材、断熱材など）
・瓦《かわら》屋さん（屋根をふく）
・サイディング屋さん（外壁パネル）
・植木屋さん、造園屋さん（外構）

職人さんについてこまかく記述したのは、
職人さんへのリスペクトなくして、絶対にいい家をつくることはできない！

ということを強調したかったからです。

たくさんの人の力で、一軒の家ができあがります。この職人さんのなかのひとつが、「設計屋」である私たち。職人さんとは上下関係ではなく、対等な関係で仕事をします。

建て主さんにいちばん近い存在として、職人さんと住む人とのあいだに入り、架け橋の役目も担っています。いいものをつくるには、チームワークが大切ですし、みんなの気持ちがひとつの方向へ向かうように、感謝の気持ちで誠実に対応していかなければなりません。現場監理の意味は、職人さんたちの仕事ぶりをただこまかくチェックして見張ることではありません。**設計図よりも、さらに建物をよくするための仕事**なのです。窓の位置を5センチ上げる、下げるは、現場で調整可能です。費用もかからないし、この数センチでぐっと暮らしやすくなります。

職人さんはこの道何十年のプロフェッショナルな方なので、たくさんのアイディアの宝庫。職人さんからよいヒントをいただき、現場で家がどんどんよくなる経験はこれまで数えきれないくらいあります。

熱心に現場を訪れていると、大工さんも「ここはこうしたほうがいいんじゃないか」と気づいたことを教えてくれます。また、コミュニケーションがとれていると、大工さんから、「ここ、ちょっと手間がかかるけど、やってあげようか?」と、うれしい提案をもらえたりするのです。

まれなケースではありますが、なかには、図面をきちんと見てくれない職人さんもいます。手抜きをするというより、「いつもこうやっているから」という理由や、「このほうがいいと思って」という善意で、好きなようにつくってしまう職人さんがいるのも事実です。そういう職人さんに対して、私はいつも「図面には、建て主さんの思いや希望が全部入っているので、きちんと見てくださいね」とお願いしています。図面は、ただのデザイン指示ではありません。一つひとつに、意味があります。だから、それをきちんと職人さんに対して説明して、わかってもらわなければいけません。

現場で五感を研ぎ澄ますと、紙の上だけでは見えなかったことが、必ず見えてきます。それは、だれも気がつかないようなほんの小さなことですが、最後の最後まであきらめないで調整していくと、建物がすみずみまで〝美しく〟なります。空気が調和している、神経が行き届いているゆえの美しさを追求するのもまた、大切な仕事です。そして、その非常に小さな調整は、「設計した本人が現場に立つことでしか」わかりえないことなのです。

「現場が大事」と考える理由

「建築家の選び方」の章としては、話が横道にそれてしまいますが、個人的に「現場」に足を運ぶことが本当に大切だと思っているので、もう少しお話しさせてください。

私は社会人1年目、現場監督からスタートしました。そのときの設計者がほとんど現場に来ず、図面だけが送られてきました。図面だけではわからない点もあったのに、説明はなかった。そして、できあがったあとに来て、「違うから壊せ！」ということになりました。

「つくる」のが仕事で、身を削りながら作業している職人さんに、「壊せ！」というのは、考えられないことです。士気が下がるのはもちろん、建物にとってもいいことではありません。

この経験があるからこそ、職人さんが建築家のことをどう見ているかということを熟知しています。**設計者が現場に足を運ぶと必ずいい家ができる。**強く思います。

建築家との関係は一生続く

設計と現場監理のほかにも、建築家の仕事はいろいろあります。

建て主さんと打ち合わせをしながら、土地探しに同行したり、土地調査もします。設計図を書き終えたら、役所に建築確認をとり、工務店を選んで見積もりの依頼。見積もりが上がってきたら、建て主さんと調整して、工務店との契約に立ち会います。工事が始まると、現場に通い、工事が終わったら、引き渡しの確認。そこでようやくひと段落しますが、その後のメンテナンスやリフォームなど、アフターフォローも大切な仕事だと考えています。

建て主さんからはよく「こんなに長い付き合いになるとは思わなかった」と言われます。図面を書くだけで、あとは工務店がつくってくれると思っている人がけっこういるのです。けれど、建築家と建て主との関係は一生続きます。

だから、建築家との相性は非常に大切です。デザインの好き嫌い、センスが合う合わないももちろん重要ですが、それと同じくらい**人間として共感できるか**どうかも重視したほうがいいと思います。

これまでご説明した通り、「住みたい家」を実現するためには、ふつう他人には話さないような、かなり突っ込んだプライベートな話まですることになります。信頼できない人、心をひらけない人には、話す内容を制限してしまいますよね。実際、完成後に不満がつのって、裁判まで発展するケースが世の中にはあるようです。

裁判を起こすほどの大きなトラブルになるのは、それまでのコミュニケーションがうまくいっていないということです。

たとえば、入居してからすぐに不具合が出たとします。本来、不具合やミスは、あってはならないことですが、たとえミスがあったとしても、それまでに良好な関係が築けていれば、きちんと修理し、すぐに一件落着する話です。けれど、そこまでにいろいろ不満を抱えていると、一気に爆発して「もうこんな家には住めない」と建築家を訴えてしまうところまでいきかねないのです。

疑問や不満が出てきたときに遠慮せずに口にできて、話をして解決していけるかどうか。建築家ときちんとコミュニケーションをとれる関係を築けたら、納得のいく家づくりができるはずです。

建築家を探すには

必ず「会って」決める

「どんな建築家がいいですか？」

と質問されたとき、私はいつも、

「小学校や中学校のクラスメイトを思い出してみてください。40人いても40人みんな違うように、建築家もまたそれぞれ個性があります。あなたならクラスのだれに頼みたいか想像してみてください」

とアドバイスします。

「絵がうまくて知的だった○○ちゃんがいいな」

「いつもまじめでコツコツ勉強していた××くんなら信頼できそう」

「リーダーシップがあって、ぐいぐい進めてくれそうな△△くんがいい」

「やさしくて、みんなに好かれていた○○くんがもし建築家になっていたら」

パッと思い浮かんだ人が、家づくりに際してあなたが求めるパートナー像の手がかりになるはずです。

この人の設計する家が素敵だな、いいな、と思っていたけど、実際に会ってみたら「話をあまり聞いてくれない」「心をひらけそうにない」、または「すごく緊張して本音を言えない」というような場合は、考え直したほうがいいかもしれません。

必ず、会って話してから次の段階に進むことをおすすめします。

建築家の情報を集める

建築家を探すときに、いちばん確実なのは口コミです。建築家に頼んで家を建てたという知人がいたら、ぜひお宅を見せてもらってください。その家の雰囲気が気に入り、なおかつ友人の話を聞いてよさそうな建築家だと感じたら、一度会いに行ってみましょう。

実際、私の事務所には紹介でいらっしゃる方が多くいます。お姉さんが家を建てて、その家を気に入った妹さんからご依頼いただき妹さんの家も担当させていただきました。さらに、その姉妹のご実家のリフォームまで設計しています。

まったく知り合いなどのつてがなく、本や雑誌、インターネットなどから探すという人も多いでしょう。

最近では、ネットコンペがあります。建て主さんの要望に基づき、登録している複数の設計者がプランを提出。そこから気に入ったプランを選んで設計を依頼するシステムです。また、複数の建築家の情報をまとめた「建築家紹介サイト」も増えました。ただ、どちらにしても、どんな設計者がいるのか参考に見るのはいいと思うのですが、顔を合わせずにプランや写真のイメージだけ見て決めるのは危険だと思います。

まず地域で探す

私がもし建て主さんの立場だったら、自分が家を建てようと考えている地域に、まずはどんな建築家がいるか探します。**「地元」というのはやはり、いいものです。**地域の風土を知っているという強みがありますし、土地を買う前ならばエリアの相談もできます。工事が始まってからも、現場に足を運んでもらいやすく、アフターケアの相談もより気軽にできます。工事関係の知り合いが多い可能性もあります。

何より、建て主さんが打ち合わせに通うのがラクです。打ち合わせは回数も多いものですし、1回につき数時間かかる場合がほとんどなので、子どもが小さかったりすると、意外と大変なのです。今ではオンラインによる打ち合わせも増えました。

検索サイトに「建築家　○○市」などと打ち込むと、いくつか検索結果が出てくると思います。そこからホームページに飛ぶと、たいていは過去の事例が掲載されています。もし気に入った人が見つからなければ、地元から放射線状に徐々に範囲を広げて検索していくというのもひとつの方法です。

事前情報からわかるのは、その建築家が得意としている素材やテイストです。

・木や紙、漆喰などの自然素材を生かした家づくりをする人。素材の風合いや、経年による味わいの変化を大切にします
・日本の風土に合う家をつくる人。風通し、光、耐久性を重視している
・健康や安全を重視する人。子どもにやさしい設計など

・コンクリートやスチール、ガラスなど無機質な素材を生かした家づくりを得意とする人。木造でも、ペンキを塗って木目が見えないように仕上げることもある
・箱型のシンプルな家が好きな人
・新しい空間づくりに挑戦している人

デザインばかりに目がいきがちですが、プロである私たちから見ると、「屋根」が大きな判断材料になります。「屋根」は、設計者の考えや意図が大きく表れる場所だからです。たとえば、空気の取り入れ方、雨水の流し方、光の取り入れ方、軒裏《のきうら》の材質（見えないオシャレに近い）、軒先を厚ぼったく見せない工夫など、「屋根」は奥が深い場所なのです。

繰り返すようですが、ホームページの情報に頼りすぎてはいけません。実際に会ったり、担当した家を見せていただいたりして、**目で見て感じたことがいちばん大切**です。

さまざまなタイプ

家のテイストに加えて、その建築家がどんなふうに仕事をするタイプなのかというのも

重要な判断基準です。仕事のスタイルは、それぞれにかなり違います。

・打ち合わせの回数（多い、少ない）
・現場に訪れる頻度（よく来る、あまり来ない）
・得意な工法、建材（工法、建材を決めている方もいる）
・作家性の強い人（その人ならではの個性が強い。建築家にリードしてほしい、または憧れの建築家の作品に住みたいという人にはおすすめ）

さらに年齢や経験でもタイプが分かれてきますよね。実績のある人は、重ねたキャリアからくる深み、安定感があります。若い人は、フレッシュで新しい感覚にあふれていて、ベテランとはまた違った魅力もあります。

わかりやすいようにタイプ分けをしましたが、それぞれにニーズがあり、どれがよくてどれが悪いというわけではありません。

お医者さんの例で考えると、わかりやすいかもしれません。大きな大学病院で腕を競う有名医師もいれば、住宅街で開業していて、予約なしでいつでも立ち寄れて、親身に相談に乗ってくれる町医者もいます。どちらも同じお医者さんには変わりないけれど、ずいぶんタイプが違います。

建築家も、作家性の強い人もいれば、本をたくさん書いているけれど、実務にはあまり関わらない人もいます。暮らしやすい家をつくることを信条としていて、建て主さんの話をとことん聞く人は、町医者タイプといえるでしょうか。

どんなタイプの人でも、現在活躍している人の多くは、いろいろなことと戦いながら、ものをつくり続けている人です。建築家として生き残っているということは、その人なりの矜持があると考えてくださっていいと思います（生き残っていけない人も多いのです）。

最後に、注意したいタイプについて、ふれておきます。

住宅は、公共施設などの設計とくらべると、当然ですが予算はぐっと少なくなります。しかし、大きな建物をつくるのと同じくらい手間がかかります。それだけに本来は、**好きではないとできない仕事**です。

でも、なかには大手事務所を独立したばかりで、しかたなく住宅設計をやっているという建築家もいます。自分が世に出る作品（大きな仕事の足がかりにするための作品）をつくりたいという功名心を、建て主さんの暮らしやすさより優先してしまう例があるのも事実です。見分けるのはなかなか難しいと思いますが、さまざまな建築家がいる、ということだけは知っておいてください。

また、**「一級建築士の資格がある＝建築家」ではありません**。資格はただの「免許」。ハウスメーカーの営業職で、一度も図面を引いたことがない人も、以前は「一級建築士」の免許を取ることができました。私が住んでいる柏市でも100社近くの一級建築士の設計事務所がありますが、いったいどんな仕事をしているのか、よくわからないのも事実です。くれぐれも「一級建築士」という肩書きだけに依存することのないよう、注意していただきたいと思います。

いい建築家と出会うために

建築家にはいろんなタイプがいるとわかったうえで、あらためて住宅設計においていい建築家とはどういう人かを考えてみたいと思います。

先ほど述べたように、住宅設計は効率的な仕事ではありません。いい家づくりというのは、こまかいところまで建て主さんの要望を汲み取り、なおかつ職人さん一人ひとりと付き合わなければできないからです。

その一方で、住宅設計には集合住宅やビルの設計では味わえないやりがいがあります。大きな建物では、たいてい分業制なので、場合によってはトイレの図面だけひたすら書いているなんてこともあります。でも、住宅設計は違います。建て主さんとたくさん話をして、設計段階から完成まで一軒丸ごと、すべてひとりで責任を負うことができます。また、設計期間、予算、求められるこまやかな設計を考えると、公共施設やマンションといった大規模な建築物よりも、じつは住宅のほうが大変なのです。そこが住宅設計の難しさであり、おもしろさでもあります。

私が建築家として、いつも心がけている3つのことがあります。

・住む人の目線で考える

ひとりよがりになってはいけない。相手の立場になり、建て主さんだったらどうしたいか、常に考える。

・丹誠を込めて家をつくる

無数にある選択肢のなかから私のもとに家族の夢を託していただくのです。その恩返しを絶対にするぞ！　絶対に後悔させないぞ！　という強い気持ちで仕事にのぞみます。

・人に喜ばれるものをつくる

これは建て主さんに限ったことではなく、応援してくださったご両親、ご兄弟、家づくりに関わった職人さんたち、工務店のみなさんにも、喜ばれるものにしたい。「いい家ができたね」と、地域のみなさんにも喜ばれるものにしたい。

どれも基本的なことですし、精神論に寄っていますが、この3つの土台があって、住み心地のよさといったものが生まれてくるのだと私は考えています。

いちばん大切なこと

では具体的に、どういう建築家を選んだらいいでしょうか。先の3つの基本をより具体化させたものが、建築家を選ぶポイントになると思います。

・住宅の設計が好き
・何でも話せる雰囲気がある
・わかりやすい言葉で丁寧に説明してくれる
・質問にしっかり答えてくれる
・施工現場に足を運び、きちんと監理してくれる

そして、いちばん大事なことは、

「私の家」「私の夢」に関心を持ってくれるか

ということ。自分たちのことをしっかり見てくれるかどうかは、「住宅設計が好きかどうか」とは、また別の話です。

だからこそ、会って話をして確認する必要があるのです。

ホームページを見ただけでは、なかなかこうしたことはわからないと思います。ある程度「この人に頼みたいな」と思う人が決まった段階で、必ず実際に会って話をするようにしてみてください。

建築家に会いに行ってみよう

雑誌やネットの情報よりも、オープンハウス

家は立体的なものです。写真ではわからない、風の流れ、光の入り方、素材の手ざわり、におい、空気感、こまやかな配慮などは、その空間に立ってみてはじめてわかります。

住宅はプライベートな空間ですから、なかなか建物の内部を見学することはできません。そこでぜひ利用したいのがオープンハウスです。オープンハウスとは、建て主さんのご厚意のもと、入居前の家を特別に見学させてもらえる、またとないチャンスなのです。

たとえば、ある長身の建て主さんは、私のところに来る前に、狭小住宅を得意としている建築家さんのオープンハウスに行ってきたそうです。その人が建てた家の写真を本や雑誌などでたくさん見ていて、とても雰囲気が気に入っていたのですが、実際に家のなかに

入ってみると、壁や天井が迫ってきているようで、非常に窮屈に感じたとのこと。背の高い自分に合うようサイズをアレンジすることはできないと言われ、お願いするのをやめたと話していました。

また、別の建て主さんも、「木の家」を謳うハウスメーカーのオープンハウスを訪れたとき、接着剤のニオイの強さが気になったと話してくれました。このように、実際に家のなかに入り、感じ取る情報量は、かなり多いので、ぜひ足を運んでみてください。

オープンハウスの開催情報は、設計事務所や建築家のホームページやブログ、SNSに掲載されています。ただし、工事の進行状況や建て主さんの引っ越しのスケジュールなどもあり、開催1～2週間前に決まることもあるのがふつうです。気に入った建築家がいたら、こまめにチェックするようにしましょう。

参加には、たいてい事前の申し込みが必要です。私の事務所では、参加日とだいたいの時間、人数をメールでお知らせいただいた方に、地図などを添付して折り返し返信しています。

オープンハウスでは、建築家や事務所のスタッフ、建て主さんがいる場合が多いので、直接話を聞けるチャンスでもあります。建て主さんの要望、それを建築家がどう解決したのか、苦労した点はどこだったかなど、そんなストーリーをたずねてみると、よりいっそうおもしろく、建物を見ることができます。

ただし、営業目的の展示場とは違い、建て主さんがこれから実際に住む、大切な家です。そして、職人さんたちが何カ月もかけて一生懸命つくりあげた家です。トラブルがおこらないよう、細心の注意を払ってくださいね。

面談に行くタイミングは？

事前情報を検討し、「この人に頼みたい！」という建築家が絞り込めたら、メールや電話で連絡をして、いよいよ面談です。

会いに行ったら、もう頼まなければいけないと考えている人もいるかもしれませんが、そんなことはありません。設計契約を結ぶのは、実際に設計をすると決まってからです。たいていの事務所が最初の相談は無料にしています。もしその建築家との相性が悪そうだと思ったら、改めて別の人を探すこともできるので、まずは一度会いに行ってみましょう。

では、どのタイミングで建築家に会いに行けばいいでしょうか。

先ほど2章で、最初に来た方に私は「どんな家に住みたいですか?」または、「どんな暮らしがしたいですか?」と聞くとお話ししました。最初の面談では、必ずと言っていいほどこうした要望を聞かれると思います。ですから、2章でお話しした「住みたい家」のイメージがある程度固まってから建築家のところを訪ねると、スムーズに打ち合わせができると思います。

その段階で、土地はまだ決まっていなくてもかまいません。というよりむしろ、**土地を決める前にぜひ建築家に相談してほしいと思います**。

法規制や立地条件によっては、あなたの「住みたい家」が実現できない場合があります。この土地に自分の住みたい家が建てられるかどうか。それは、専門家でないとわかりません。

土地を決めてからでないと相談できないと思っている人が多いのですが、具体的に土地を探す段階に入る前に建築家に会いに行き、頼む人を決めておくほうが、よりよい家づくりができます。

最初の面談ではこんなことを聞いてみよう

最初の面談では、建築家の事務所を訪ねるのが一般的です。ただし、頼めば自宅に来てくれる建築家もいます。なかなか事務所まで行く時間がとれないという人は、連絡する際に相談してみましょう。ただ、事務所を訪ねると、その人の個性や好みがわかります。過去の設計事例だけでなく、現在どんな仕事が動いているか模型を見せてもらえることもありますし、大きな事務所では所長とスタッフの関係性、実際担当するスタッフの仕事ぶりも垣間見られます。面談時間は、だいたい1~2時間程度と考えておけばいいと思います。

では、そのときにどのようなことを確認すればいいのでしょうか。最低限聞いておきたいことをまとめてみました。

・土地探しの相談に乗ってもらえますか？

先ほども言ったように基本的には相談に乗ってくれますが、なかには土地が決まってから設計を受けるという人もいます。忙しすぎて、正式な契約前に、候補地を見に行ったり、法規制を調べたりする時間がどうしてもとれないという人もいます。けれど、設計者が住む人の夢を本気でかなえようと思うなら、どのような環境に建てるかは重要な問題のはず。個人的には土地探しにも付き合ってくれる人を選んだほうがいいと思います。

・打ち合わせの回数は決まっていますか？

有名建築家のなかには、最初に要望を聞く打ち合わせが1回、設計図ができて1回、完成時に1回という人がいると聞いたことがあります。それは極端な例ですが、打ち合わせの回数を何回までと上限を決めている事務所もあります。また、「基本的には○回で、ご要望があれば増えても大丈夫です」と答えるところもあるでしょう。対応は事務所によってさまざまです。

ちなみに私の場合は、建て主さんが納得のいくまでじっくり話し合いたいと考えていますので、特に回数の制限は設けていません。

・現場監理はきちんとやってくれますか？

設計事務所によっては設計しかしないと最初から謳っているところもあります。前にもふれたように、建築家の仕事は設計が半分、監理が半分だと私は思っています。建物がきちんと形になるまで責任を持ってもらえるかを、事前に確認しておくことはとても大切です。

・完成したあともメンテナンスの相談に乗ってもらえますか？

この質問に、おそらくノーと言う人はあまりいないと思います。完成後にトラブルや修繕の必要が生じた場合、建築家が相談に乗るのは業界の常識だからです。ただし、工務店任せにしてしまう人もいて、「もうあの建築家とは会いたくない」という建て主さんもいるとか。念のため聞いておきましょう。

・スケジュールはだいたいどんな感じですか？

設計事務所はひとりか、もしくは数人で運営しているところが多く、仕事が重なるとすぐには引き受けられないこともあります。おおまかな流れと完成までにどのくらい時間がかかるか、あらかじめ確認しておきましょう。

気持ちを伝える

ここでいままでの説明と矛盾するようなことをいいますが、多くの雑誌やよく売れている本で、「最初の打ち合わせで、必ず聞くこと」というリストが掲載されているようで、私もチェックポイントそのまま、マニュアル通りの質問を受けることがあります。

反対に、「あなたのつくった家が好きで、ぜひお願いしたかった」という**気持ちを伝えてくださる方**、「素朴な疑問なんですけど……」「心配なことがあるんですけど……」と、その人の**「心から出ている」質問を投げてくださる方**もいます。

どちらの方のほうが、親近感がわくかというと、もちろん後者です。心から知りたいことを聞いてくださったり、気持ちを伝えてくださると、私のほうも自然に心をひらくことができます。

「建築家もハウスメーカーの営業マンも、同じ業界の人」と思われて、営業マンに対する警戒心を持つのと同様に「心をひらかないぞ」という姿勢の方も多くいらっしゃるようです。当たり前ですが、相手の警戒心を感じたら、こちらも緊張してしまい、いい結果を生みません。

最初の打ち合わせでは、「なぜ、こちらの事務所にお願いしたいのか」気持ちを伝える。そして、素朴な疑問をどんどん聞いてみる。このふたつを、ぜひ心がけてみてください。

それから次に、これらの質問とは別に費用について確認しておきたいことがいくつかあります。大切なことなので、少し詳しく説明していきましょう。

費用について聞いておきたいこと

最初の面談時に、費用について聞いておきたいことを3点お話ししましょう。

1．設計料について

設計監理料は基本的に工事費の10〜15％前後です。どんな大御所建築家でも2割は超えないでしょう。ただ、あまりに総予算が少ない場合、一定課率ではなく、最低設計料金を定めていることがあります。総予算が少なくても、家を一軒建てる手間はあまり変わらないからです。事前にその事務所が設定している料金体系を、確認しておきましょう。

2. 支払いのタイミング

詳しくは8章で述べますが、支払いは3〜4回に分けるのが一般的です。どの時点で支払うのか聞いておきましょう。また、契約の手前で万が一折り合いがつかなくなってやめる場合のことも確認しておいてください。キャンセル費用について先に聞いておかなかったために、あとから金額をめぐってもめるケースがあるようです。頼む前からキャンセルの話をするのも気が引けるかもしれませんが、転ばぬ先の杖ということで、念のため確認しましょう。

3. おおまかな予算感

その事務所に頼んだ場合、工事費がだいたいいくらぐらいかかるかという、ざっくりとした予算感を把握しましょう。いくつか事例を見せてもらって、かかった費用を聞いてみてください。すごく素敵な家というのは、それなりにお金がかかっていることがあります。工事費は時代で変動するため、直近のものが参考になります。作風だけで憧れて頼んで、いざ見積もりが出てきたらびっくり！　なんてことのないよう、だいたいの相場を知っておくことは大切です。

最後に、最初の面談で逆に**「これは聞いてはいけない」お金の話**をひとつお伝えしたいと思います。

ときどき「無料で間取り図を書いてくれますか？」と聞かれることがあります。ハウスメーカーは設計、見積もりまで一括無料でやります。だから建築家も同じようにやってくれるんじゃないかと考える人がいるんですね。最近では、設計事務所でもお客さんを獲得するために、「無料で基本プランを作成します」というところもあるそうです。

私は、ひとつのプランを出す前に、建て主さんの要望を時間をかけてヒアリングし、あでもない、こうでもないと試行錯誤して図面に落とし込んでいきます。食事をしていても、お風呂に入っていても、その家のことばかりを考えています。何日も徹夜することもあります。一度完成した案に納得がいかず、何十案もつくり直すこともあります。

なぜそこまでするのかというと、**図面を書くということが建築家にとって命**であり、依頼者の気持ちを考えたら、単に間に合わせでつくったプランを見せるわけにはいかないからです。

それを「タダでやってください」とお願いされたら……。やはりモチベーションは下がるのではないでしょうか。それではプロの腕がじゅうぶんに発揮されるとは思えません。なので、かえって建て主さんの不利益になると思うのです。

私は、仕事に責任を持つためにも、正当な対価を得ることがプロだと考えています。予算がないことは決して悪いことではなく、予算内に収めるために懸命に知恵を絞ります。けれど、最初から高く吹っかけられるんじゃないかと疑いの目で見られたり、できるだけ安くすませようと値切られたりしては、私たちもかまえてしまいます。そうなると信頼関係を築くのは難しいですよね。

幸せな家づくりをするうえで、この点はぜひ建て主さんに考えてほしいというのが、ひとりの建築家からのお願いです。

家づくりの基本的な流れ

建築家と契約を結ぶのはいつ？

数回のヒアリングのあと、設計契約を結んで、本格的に家づくりが始まります。

建築家に相談しに行ったら、「すぐに契約を結ばなきゃいけない」と思っているかもしれませんが、正式に契約を結ぶのは、もう少し話が進んでからです。どんなふうに家づくりが進むのか、ここでだいたいの流れをおさえておきましょう。

建築家に相談して、この人に依頼しようと決めたら、設計の申し込みをします。このとき、建築家と仮契約を交わす場合もあります。私の事務所の場合は、先ほどの住宅調書を渡して書いてもらうのが申し込みにあたります。

次に敷地について詳しく調査し、法律関係のチェックもおこないます。

その結果に基づき、最初の図面を書くのですが、多くの事務所は、最初の図面を書く前に契約を交わします。

途中でストップすることもできます。ただしその際、それまでの作業にかかった費用は発生します（仮契約を結ぶ際に、着手金として先に支払うこともあります）。

その後は、最初に出したプランをもとに詳細な間取り図を作成していきます。図面といっしょに概算見積もりも出てきますので、大まかに予算をにらみながら調整していきます。

基本設計がまとまったら、次に建物の構造や設備の詳細を詰めた「実施設計」に入ります。実施設計がすんだら、工事にあたってもらう工務店を選びます。

工務店が工事の見積もりを作成しますので、それを建築家が中心になって入念にチェック。金額が決まったら、工務店と建て主さんのあいだで工事請負契約を結びます。このとき、建築家は監理者として契約に立ち会います。その後、役所に建築の許可を取り、やっと工事がスタートです。ここまでで最低半年は見ておいてください。

工事が終わったら、図面通りに工事がおこなわれたかを確認する役所の検査（工事完了検査）が入ります。それから監理者（建築家）、施工者（工務店）、建て主の三者立ち会いによる検査をして、晴れて引き渡しです！

■家づくりの流れ

建築家に相談

▼

設計申し込み

▼

敷地調査、法令チェック

▼

要望ヒアリング

▼　↑住宅調書を作成。建て主さんへの理解を深めていきます

建築家と設計監理業務委託契約を結ぶ

▼

基本プランの作成：間取り図の提案

▼　↑最初のプランご提案は緊張します。

基本設計：間取り図が完成、概算見積もりが出る

▼

実施設計：工事に必要な詳細設計図が完成

▼

工務店を選んで、工事見積もりを取る

▼　↑予算と合うか緊張のひとときです。ときには数百万円オーバーも

建築工務店と工事請負契約を結ぶ

▼　↑数千万円の契約書に判を押す、人生で最大の契約になる人も多い

建築確認申請をする

▼

地鎮祭

▼

着工

▼

上棟式

▼　↑建て主さんだけでなく、現場の人にとっても一大イベント

工事完了検査、立ち会い検査

▼

引き渡し

建築家は、いい仕事です

住宅設計の仕事というのは、ときとして孤独で、体力も必要で、なかなかキツイ仕事だと思います。でも、ものづくりをして、それが完成したときに、こんなに喜んでもらえる仕事は、ほかになかなかないと思います。完成後も、一生ずっと、「家」を基点にしたお付き合いが続き、建て主さんと深い関わりを持てる仕事です。

個人的な話になりますが、うちの子どもが生まれたとき、友だちよりも早く駆けつけてくださったのが建て主さんで、本当にうれしかった。なかには、妻と仲良くしてくださって、家に泊まりに来てくれる建て主さんもいます。

「設計デザイン」を超えたものがないといい家はできません。ではその「超えたもの」とは何か。

それは、**関わる人すべての「思いや気持ち」**です。

一人ひとりの気持ちを建築家がつないではじめて「いい家」が建つのだと、そんな自負を持って毎日仕事をしているのです。

column

3 住体験をたどる旅③

結婚・独立

結婚して広い部屋が必要になり、横浜の日吉へ引っ越しました。

不動産屋さんに紹介してもらった最初の1軒目が気に入り、すぐに契約しました。そこは古い5階建てマンションの最上階。10坪（約33㎡）の2DKで、ダイニングと和室が2部屋の間取りです。

エレベーターがなかったのですが、駅から近くて、何より部屋からの眺望がすばらしかった。部屋はそれなりにレトロで傷んでいましたが、自分で手を入れれば快適に暮らせそうな雰囲気を持っていました。

住みだしてから、ペンキを塗ったり、棚をつくりつけたり。配線も直し、間接照明をつけました。玄関の鍵をいいものに変え、蛇口も付け替えました。

休みの日は、空を見ているだけで楽しい気持ちになりました。1日中明るく、風通しもよい部屋で、広いバルコニーで洗濯物を干すことが好きになりました。

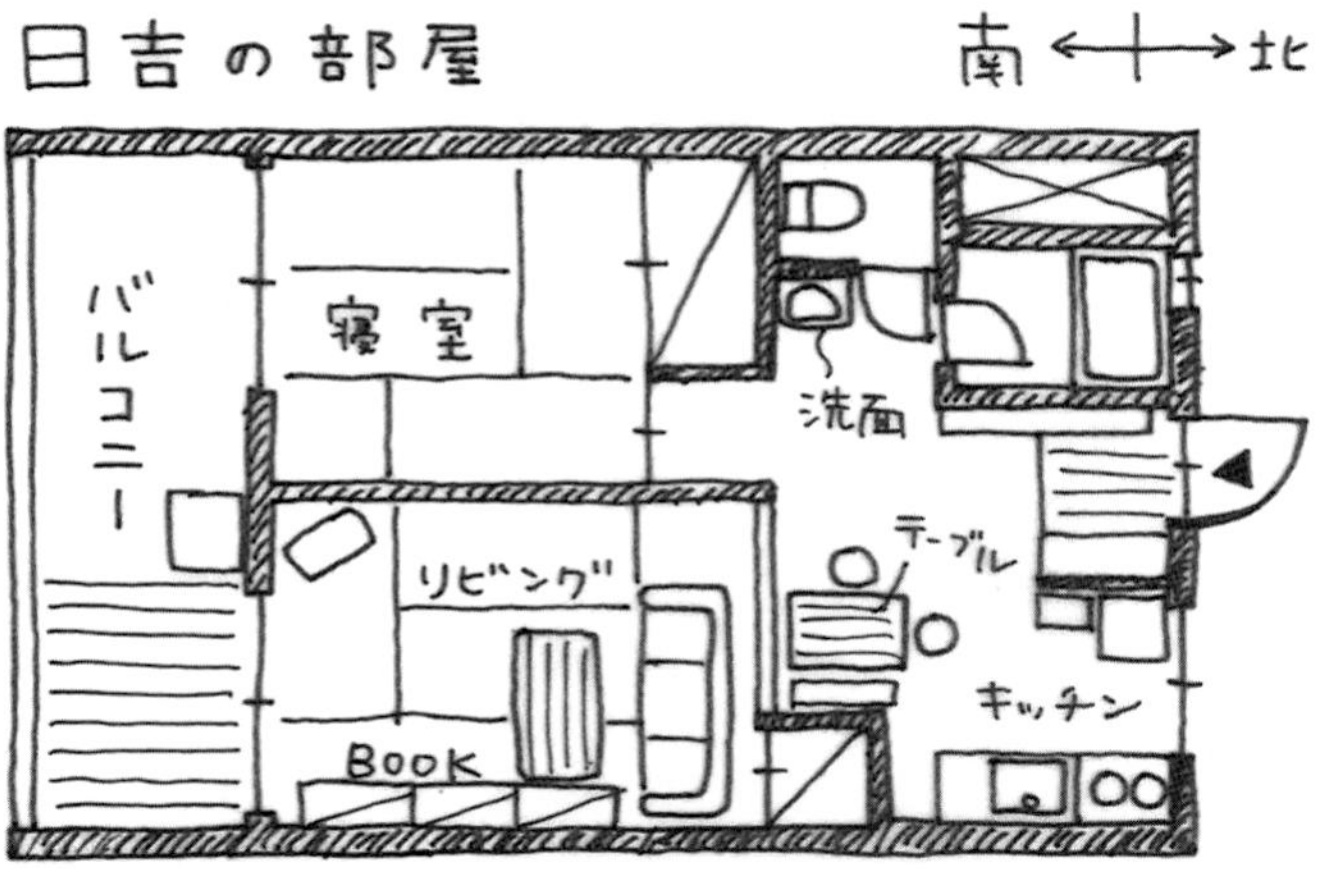

しばらくして独立（28歳のころ）。妻は朝仕事に出かけます。仕事がまったくなかった私は、家の掃除をして、洗濯をして、買い物をして……空を眺めていました。それでもなぜか暗い気持ちになることはありませんでした。

居間の座卓テーブルの上が私の仕事場でした。ほんの小さなスペースでしたが、何でも手に届く範囲にあり、快適でした。それから、寝室のタタミの感触を久しぶりに味わい、「やっぱりタタミはいいな」と思いました。

そんな新婚生活でしたが、さすがに仕事の目処が立たないままではいけないと思い、地元へ戻ることを決意。そこでもしダメなら、建築の仕事はきっぱりやめようと考えました。

（コラム4に続く）

第４章

土地のこと、
立地のこと

土地探しをする前に

いい土地ってどんな土地？

あなたは、どんな土地が「いい土地」だと思いますか？

不動産屋さんは、「資産価値」で判断します。毎年出る路線地価を見るとわかりやすいですよね。都心で駅から近く、便のいい土地が、不動産屋さんから見た「いい土地」です。

でも、**「いい土地」は、人によって違います**。価値観がそれぞれ違うからです。なるべく仕事場に近く、通勤時間が短い都心の土地が「いい土地」だという価値観の方もいれば、私の建て主さんで、「通勤可能な限り、都心から**遠くて**自然があふれる土地」を探して、川のせせらぎが聞こえる土地を買い求めた方もいました。

私が個人的に「いい土地だな」と思うのは、次のような土地です。

・地域の人たちが、みんなあいさつをしてくれたり、自宅の庭をきれいにしている
・新しい家ばかりではなく、いろいろな年代の人が住み、町の歴史を感じられる
・人情あふれる商店街がある
・昔から地盤がよいとされてきた場所
・古くから神社がある地域
・その土地ならではの、個性と魅力がある（きれいに区画されていなくても、緑が見える、空がきれいに見える、よい風が通り抜ける）
・なんだかワクワクする土地（子どものころの記憶とリンクしたり、生まれ育った環境に似ていたり）

などです。

価値観はさまざまだと思いますので、土地探しを始める前に、先ほどのノートに、どんな土地、どんな地域がいいかなーと、イメージを書きつけていってください。

相談相手を増やす

あるとき、「いい土地が見つかったから、仮契約してきました!」と建て主さんが興奮してやってきました。その方はもともと団地住まいで、夢は家庭菜園を持つこと。建物はそれほど大きくなくてもいいから、畑のスペースをとって、野菜を育てたいと話していました。

急いで私もその土地を見に行きました。すると……隣の区画がぽっかり空いているのです。いまは隣に何も建っていないから、敷地に日がさんさんと差しています。けれど、もし隣の区画が売れて家が建ってしまったら……。

頭のなかでパパッといくつかの案を考えてみましたが、どう考えても車庫はここにつくって、建物はここに建つだろうという絵が浮かびます。となると、庭にすべきスペースには全然日が当たらなくなってしまうことが容易に想像できました。そこで、建て主さんに「真っ暗な庭になってしまって、畑はあきらめなければいけないかもしれません」と正直にお伝えしました。

結局、建て主さんはその土地の仮契約を白紙に戻しました。

何のために家を建てたいか。

その優先順位の上位にあったのが、家庭菜園をしたい、という夢だったからです。

このときは契約前に相談してくださったので事なきを得ましたが、もし契約していたら、いちばんの夢がかなえられなかったでしょう。それはとても悲しいことです。

「理想の家」は人によって違います。

不動産屋さんは、不動産的価値として土地がいいか悪いかを見ています。

でも、「将来的に値段が上がる」と言われても、建て主さんは売るためではなく、住むつもりでその土地を買いますよね。あるいは、「きれいな正方形だからいい土地です、おすすめです」と言われても、その人の「住みたい家」を実現するためには正方形である必要がなく、逆に変形の個性がある土地のほうがいい場合だってあるのです。

同じ土地でも建築家なら、不動産屋さんとは違う価値観で見ます。建て主さんの「住みたい家」に合っている土地なのかという視点で判断できます。

図面と現状が違う場合がある

土地に関していうと、**プロにしかわからないこと**が、しばしばあります。

まずは法律のこと。土地には面積に応じた建物の割合が定められているほかに、高さの制限や北側に日陰をつくらないようにするための規制、道路が暗くならないようにするための規制、消防上の規制など、さまざまな決まりがあります。

一見、ふつうの道路に面している土地でも、申請手続きだけで3カ月かかるといったケースもあります。実は道路には建築基準法のこまかな区分けがされているのです。

また、図面と現状がかなり違うということもあります。先日、大手不動産業者の仲介で土地を買った建て主さんのケースなのですが、測量図のない土地を購入されました。販売図面の寸法を見せてもらってはいましたが、実際に行って計測したら、販売図面と実際の土地の差は、最大65センチという、大きな差がありました。大手不動産屋さんだから大丈夫だろう、というのはいけません。買う前に、ぜひぜひ専門家に見てもらうことが大切だと思います。

「理想の暮らし」のイメージを忘れずに

土地探しからお付き合いした建て主さんの話です。その方の希望は、「ぱっと窓を開けたら、緑しか見えないところがいい」というごくシンプルなものでした。しかし、そんな土地は滅多にありません。あったとしても、公園の前などの一等地で値段も高くなります。しかも「エリアはどこでもいいです」と言うので、どこから探したらいいものか、途方に暮れました。

ただ唯一の救いは、その方が急いでいなかったことです。時間がかかってもいいからというお話だったので、根気強く探すことになりました。候補の土地が見つかったらいっしょに現地に行く、ということを1年半ほど繰り返したころに、希望通りの土地が見つかったのです。

敷地の前には、青々と広がる公園の緑。春には桜が咲きほこり、菜の花が黄色いじゅうたんのようにどこまでも続いて、まるで夢のような景色です。この景色を家じゅうどこにいても楽しめるように、すべての部屋から木々や青い空がのぞめる設計にしました。

このとき、ふたつのことを思いました。

ひとつは、**ゆっくり時間をかければ、希望に合った土地は見つかる**ということ。

もうひとつは、**「住みたい家」のイメージをブレずに持ち続けることの大切さ**です。

土地を探していると、エリアや広さ、交通の便、周辺環境などさまざまな条件に惑わされて、ついつい「理想の暮らし」のイメージを忘れがちです。けれど、いちばん大切なのは、その土地でどんな暮らしがしたいか。「住みたい家」のイメージを中心に据え、あとは家族で優先順位をふたつか3つ決めるようにしてみてください。

優先順位を整理しないままに土地を探していると、「これだ！」と思うはずの土地なのについ迷ってほかの購入者へ渡ってしまったり、時間が経つにつれて焦りが出てしまい、ただただ安い土地や〝不動産屋のおすすめ〟の土地に飛びついてしまったり。

また、地域・エリアを選定するとき、先に家のデザインを決めてしまって、それを「どこかへ置く」というやり方は絶対いい家になりません。**その地域にふさわしい建物の形や住まい方が必ずあるため**、やっぱりどんな「家」がいいかの前に、どんな「暮らし」をしたいかを先に決めて、その「暮らし」に合う土地と家を考えていく。この順番を間違えないことが大切だと思います。

「あすみが丘の家」の春。

窓からの情景。千葉のチベット（!）といわれているほど星がきれいに見える。

土地はできるだけ安く買ってください!!

土地を探すときに大事なことは、予算配分のバランスです。土地にお金をかけすぎると、それだけ建物にかけるお金が減ります。いい土地を手に入れても、住みたい家が建てられなければ、理想の暮らしは遠のいてしまいます。

たとえば、総予算が4500万円だとして、2000万円の土地を買ったとします。建物にかけられる予算は残り2500万円です。いまは資材と人件費が高くなっていますから、30坪の家を建てるとなると、最低でも2700万~3300万円くらいはかかるでしょう。仮に建てたい家の費用が2700万円だと見積もると、200万円も足りません。200万円分を削るには、相当いろいろなことをあきらめなければならなくなります。

これが500万円カットとなると、建物の面積をドン！　と削らなければならない。

「土地はなるべく安く買ってください」と建て主さんにいつもお願いしています。不動産屋さんは、売れない物件を「100万円値下げ」「200万円値下げ」と簡単に値引きしますが、建築予算を200万円削るのは至難の業です。

200万円
コストカットするには

・つくりつけ家具を中止	−45万円
・ドアを3枚減らす	−10万円
・窓をひとつ減らす	−5万円
・トイレのウォシュレットを中止	−5万円
・床の材質を変える	−10万円
・食洗機をなくす	−15万円
・漆喰塗りを一部中止	−20万円
・床の塗装などを自主施工	−20万円
・照明器具を再利用	−5万円
・ウッドデッキを中止	−30万円
・外構工事の縮少	−25万円
・砂利まき、植栽を自主施工	−10万円
TOTAL	−200万円

住みたい家を建てるためには、どのくらいの予算が必要か、建築家に概算を聞いてみましょう。そうして、全体の予算から建物の予算を引いた残りの金額を、土地の予算として考えてみてください。

エリアがよくて安い土地というのは、たいてい条件が悪く、みんながほしがらずに売れ残ったところです。でも、見方を変えれば、とても魅力的だったりします。

たとえば、こんな土地です。

・目の前が崖（景色がいい）
・駅からとても遠い（電車に乗らない人には関係ない）
・形状に個性がある（細長い、三角形を生か

しておもしろい間取りがつくれる）

・異常に小さい（工夫次第で暮らしやすくできる）

・道路に車が入れない（車を持たない人には関係ない）

・目の前にお墓がある（高い建物が建つ心配がなく、目の前がひらけている）

土地の値段は主に、

1．都心からの距離

2．駅からの近さ

に左右されています。都心に近い土地は、高いだけでなく、建物にもさまざまな規制がかかり、設計上あきらめることが増えていきます。

私の建て主さんで、都心から少しだけ離れることで、とてものびのびとした生活を送られている方がたくさんいらっしゃいます。

99人が見て気に入らないと思っても、100人目のあなたが気に入って、その土地に合った「理想の暮らし」が実現できるならば、それは「いい土地」なのです。

「かわべの家」の真下を流れる川。都内通勤圏内ですが、歩いて2分でこんなに豊かな情景が広がります。

都心勤務で都心に暮らしていた建て主さんが、生まれ育った土地に戻って建てた家。北側のワークスペースから田園風景がのぞめる（いなかそだちの家）。

土地で制限される家づくり

思うように建てられない？

土地を買っても、そこに好きなように建物を建てられるわけではありません。みんなが住みよい街づくりをするために、商業地域、住宅地域、工業地域と地域によって建てていい建物が定められています。これを「用途地域」といいます。

さらに住宅地域のなかでも、低層住宅しか建てられない地域、高層住宅が建てられる地域などと、建物の高さや広さ、防火対策などについてこまかく決められています。また、自治体によってさらに厳しい条件を設けていることもあります。

たとえば……

・外壁に板を張ったり、室内は木の梁《はり》組みが見えるようにしたい↓エリアや階数によって

は防火の関係で困難なケースあり
・将来、家の一部を店舗にしたい→店の種類や面積に制限があることが多い
・条例で、外壁の色を自由に決められないことがある
などなど、思ってもみない規制がかかることもあります。

簡単な法規制は、区役所または市町村役場の都市計画課、建築課に行けば教えてくれます。また、道路に関しては道路課へ問い合わせすれば確認が取れます。基本的には設計者に任せておけば大丈夫ですが、家づくりに影響する法規制にはどのようなものがあるかを知っておきましょう。

▼土地に関する主な法規制

・建ぺい率、容積率

建ぺい率とは、敷地面積に対する建築面積の割合です。たとえば敷地が100平方メートルで建ぺい率が50パーセントだとすると、建物を建てられる面積は50平方メートルになります。敷地が角地の場合は、割合が10パーセント増えることもあります。

容積率は、敷地面積に対する延べ床面積の割合です。たとえば敷地が100平方メート

ルで容積率が100パーセントだと延べ床面積は最大100平方メートルになります。

もし、建ぺい率が50パーセントで容積率が100パーセントだとすると、1階、2階ともに50平方メートル（合わせて延べ床面積100平方メートル）の建物を建てられるということです。

・セットバック

建築基準法で認められた幅4メートル以上の道路に2メートル以上接していない土地は、原則的に建物が建てられない決まりになっています。災害時などにスムーズに避難できたり、延焼を防止したりするために、道路に一定の広さを確保しているのです。

しかし、実際には4メートル未満の道路が少なくありません。そこで自治体が指定した場合のみ、幅4メートル未満でも道路として扱う「みなし道路」があります。「みなし道路」に接している場合は、道路の中心線から2メートルまで後退した線（セットバック）までは道路とみなされます。したがってその分、敷地面積は減ります。

・**斜線規制**

住宅街を歩いていると、3階建ての家の3階部分が斜めになっているのをよく見かけると思います。それは近隣の日当たり、風通しなどを確保するために、建物の高さが制限されているからです。建物の高さを制限する斜線規制には、主に「道路斜線制限」と「北側斜線制限」「隣地斜線制限」の3つがあります。

・**日影規制**

隣に高い建物が建つと、日照時間がぐんと減ってしまうことがあります。それを防ぐために、建物によってできる日影の範囲や時間を規制しています。商業用地や工業用地は日影制限がないので、将来高い建物が建つ可能性があります。

・**防火規制**

建物が密集している都市部では、火災が起こったときに延焼して被害が拡大することがあります。そこで中心市街地や幹線道路のそばを「防火地域」に、そのまわりに「準防火地域」を定めて、防火対策を義務づけています。たとえば、屋根や外壁などを不燃材料でつくったり、窓を防火ガラスにする必要があります。木組みを全面的に表した家を建てたいと思っても、全部耐火ボードで隠さなければいけない地域もあります。

立地や周辺環境をチェックしよう

実際に周辺を歩いてみる

気に入った家を建てたとしても、周辺環境が悪いと、理想の暮らしはできません。窓を開け放してリビングでごろごろするのが夢でも、周囲の騒音や排気ガスがひどければ、その夢はかなわないのです。周辺環境は自分の力ではどうにもできないので、事前に確認しておくことが大切です。

いいな、と思う土地を見つけたら、実際に自分の足で歩いてみましょう。

歩く際に気をつけるポイントを挙げてみます。

・最寄駅からのルート

駅を降りて、その土地までの最短ルートを歩きます。昼間だけではなく、夜も歩いてみて、暗いところや危ない場所などはないか、確認してみましょう。

・隣接地の環境

もしいま現在、まわりに建物が建っていて日当たりが悪いとしても、必ずしもダメな土地とは限りません。建物のつくりによっては光を取り込める場合もあります。ですから、必ず建築家に相談してみてください。

逆に駐車場や空き地、工場が隣接している場合は要注意です。将来的にマンションやビルなど高い建物が建つ可能性があります。

隣にすでにアパートやマンションなどがある場合、窓や出入口がどの位置にあるか確認しましょう。日当たりのいい2階の南側にリビングをつくったとしても、向かいのアパートの2階出入口が目の前だったら、なかなかカーテンを開けられません。

・周辺施設や道路

敷地の周辺をぶらぶらと歩いて、音やニオイの出そうな工場などの嫌悪施設がないか確認してみてください。

近くに幹線道路がある場合、騒音に加えて排気ガスのニオイや粉じん、大型車が通ったときの振動などの影響が考えられます。対策を取ればすむ範囲内か、建築家の意見も聞いてみましょう。

地盤の状況も確認しよう

地震や洪水、豪雨などの被害には、地盤が深く関わっています。「地震に強い家がほしい」という人は多いのですが、いくら丈夫な家を建てても、地盤が弱ければどうにもなりません。

地盤が弱い場合は、地盤改良の工事が必要になります。状況や施工方法によっても変わりますが、地盤工事には30坪の2階建てで50万~150万円ぐらいかかります。家を建てる費用とは別にそれだけのお金がかかることになるので、地盤の状況はきちんと調べておきましょう。

近くに川や崖があるときは洪水や崖崩れの被害も想定できます。最近では地震や水害のハザードマップを公開している自治体も多いので、ぜひ一度確認してみてください。

古い地図を手に入れることができれば、その土地の歴史を知ることもできます。

また、以前その土地にどんな建物があったかも調べてみましょう。管轄の法務局に行けば、だれでも土地の履歴が記載された登記簿を閲覧できます。

近隣の声を聞いてみよう

歩いてみたり、調べたりして想像できることはたくさんあるでしょう。けれど、実際に住んで長い時間をすごしてみないと、「現実」はわかりません。たとえば、近所の川がときどき氾濫してこの辺りまでは水が来るとか、近くの工場は夏になるとニオイが漂うとか、そこまでは自分で確かめられません。

ではどうすればいいかというと、「聞き込み調査」です。近隣に実際住んでいる方に聞くのがいちばんたしかです。

日中に家の前を掃除していたり、庭仕事をしたりしている年配の方など、地域に長く住んでいそうな方を見つけたら、勇気を出して聞いてみましょう。

「お忙しいところすみません。私、〇〇と申します（怪しまれないために、名前は必ず名乗ってくださいね）。今度、この近くに越してこようかと考えているのですが、ちょっとご近所について教えていただけないでしょうか」

と礼儀正しく申し出て、それから気になっていることを質問してみてください。

「この辺りで、よく水があふれることはないですか？」

「近くに工場がありますが、ニオイや騒音などは気になりませんか？」

きっと大多数の方が親切に答えてくれると思います。

学区も調べてみる

これは知り合いに聞いた話ですが、同じ区の公立の小学校でも、学区によって児童数、環境、校庭の広さ、子どもたちの雰囲気が全然違うそうです。

お子さんがいらっしゃる場合、家の周辺の環境はもちろん、学区の小中学校の情報を調べることも大切だと思います。学校を見学させてもらう、通学路を歩いてみるなど、事前に確認してみるとよいでしょう。

column

4 住体験をたどる旅④

再出発

地元に戻って住んだのは、実家近くのテラスハウス。室内に階段があって1階と2階の部屋を使えるタイプです。玄関を入ってすぐお風呂の入口、脱衣所はなく、ダイニングに続きます。2階には6畳の部屋がふたつあり、ひとつを寝室に、もうひとつを独立した仕事部屋にすることができました。棚に本をずらりと並べ、大きな机にパソコンや製図台を置き、自分だけのアトリエ空間を持てたことがとてもうれしかった。

室内は私たち夫婦にはじゅうぶんな広さがありましたが、南側の家が迫ってくるように立っていて、洗濯物を干すときなどは、向こうの家のベランダの奥さんとお互いタイミングを見はからう必要がありました。

この部屋は格安で住ませてもらっていたので文句は言えなかったのですが、夏は西日がきつく2階に熱気がこもり、1階は湿気が高くカビが発生しました。冬はとても寒く(特に1階)小さな居間を閉めきって、朝夜は石油ファンヒーターの前にふたりでまるまってすごしました。

玄関を入ってすぐ浴室だったことと、なぜか洗面所がなく、何でも台所で洗わなくてはいけないことが不便でした。

徐々に仕事の依頼が増えて資料も増え、気がつくと、寝室の妻の枕元にまでカタログ類が山積みになっていました。

人を招くには適しているとはいえない、生活感まる見えの家のなか。それなのに、ここで建て主さんと打ち合わせをしていました(いまさらながら、初期にご依頼くださった建て主さんには、こんな若者を信用してよく頼んでくれたなあと感謝しています)。

はじめて車を持ち(中古のジムニー)、玄関を出てすぐの駐車スペースがとても便利でした。

この部屋には、4年間住みました。

双子の家へ

駆け足でしたが、以上が私の30年間の住宅体験です。

いままで住んだ家のよかったところ、つらかった体験を追っていくことが、みずからの家づくりの大きなヒントになりました。

私にとって、いちばん快適で、「これが自分の理想の家だ！」と感じるのは、生まれ育った平屋の家での暮らしだったのです。思春期には人が呼べなくて嫌だったはずですが、いま思えばそれはほんのひとときのこと。いつも家族の気配がして(それは3階建ての家では皆無でした)、どの部屋もぴっちり閉じられていなくて、縁側があり家の外と内が一体になったような生活。

使っている素材も、木、土、紙、タタミ、

模様の入ったガラス、丸い小さなタイルなど、いまでもその手ざわりやニオイを懐かしい記憶といっしょに思い出すことがあります。

日吉のマンションでの生活もぜひ一部に取り込みたいと思いました。空を眺められる場所をつくりたい。そう、洗面所は絶対にほしい。湿度が高いのも、寒すぎるのも嫌です。

外観は納屋のイメージに決まりです。子どものころわくわくした、ハシゴで上がる納屋の小屋裏の空間も取り入れたい！

こうして私自身の家づくり計画は、一気に軌道に乗りました。

私の家といっても双子の兄と住む2世帯住宅なのですが、幸いなことに兄も私と同じ幼少の住体験をしていますから、こまかい説明は不要でした。

「双子の家」は、私たちだけの、私たちらしい家です。

住まいの体験を振り返ることで、わかることはたくさんあります。住んだ家はもちろん、好きだった友だちの家、おばあちゃんの家、小学校の校舎など、建物の記憶を思い出してみてください。きっとあなたらしい家づくりのヒントが、浮かび上がってくるはずです。

祖母と幼い私。縁側にて。

第5章

間取り、収納の考え方

間取りに「正解」も「決まり」もない

「何部屋ほしい」より大切なこと

建売住宅やマンションの広告を見ると、

「大型リビング３ＬＤＫ！」

「４ＬＤＫ！　広々ウォークインクローゼット」

などという具合に、部屋数や収納が売りになっています。

間取りを考えるときも、多くの方が「２ＬＤＫだとひと部屋足りないよね、何部屋あればいいかな」という切り口から考え始めるのではないでしょうか。

でも「２ＬＤＫ」「３ＬＤＫ」でなくても、全然いいのです。０《ゼロ》ＤＫ（いま不要ならば

我が家の間取り

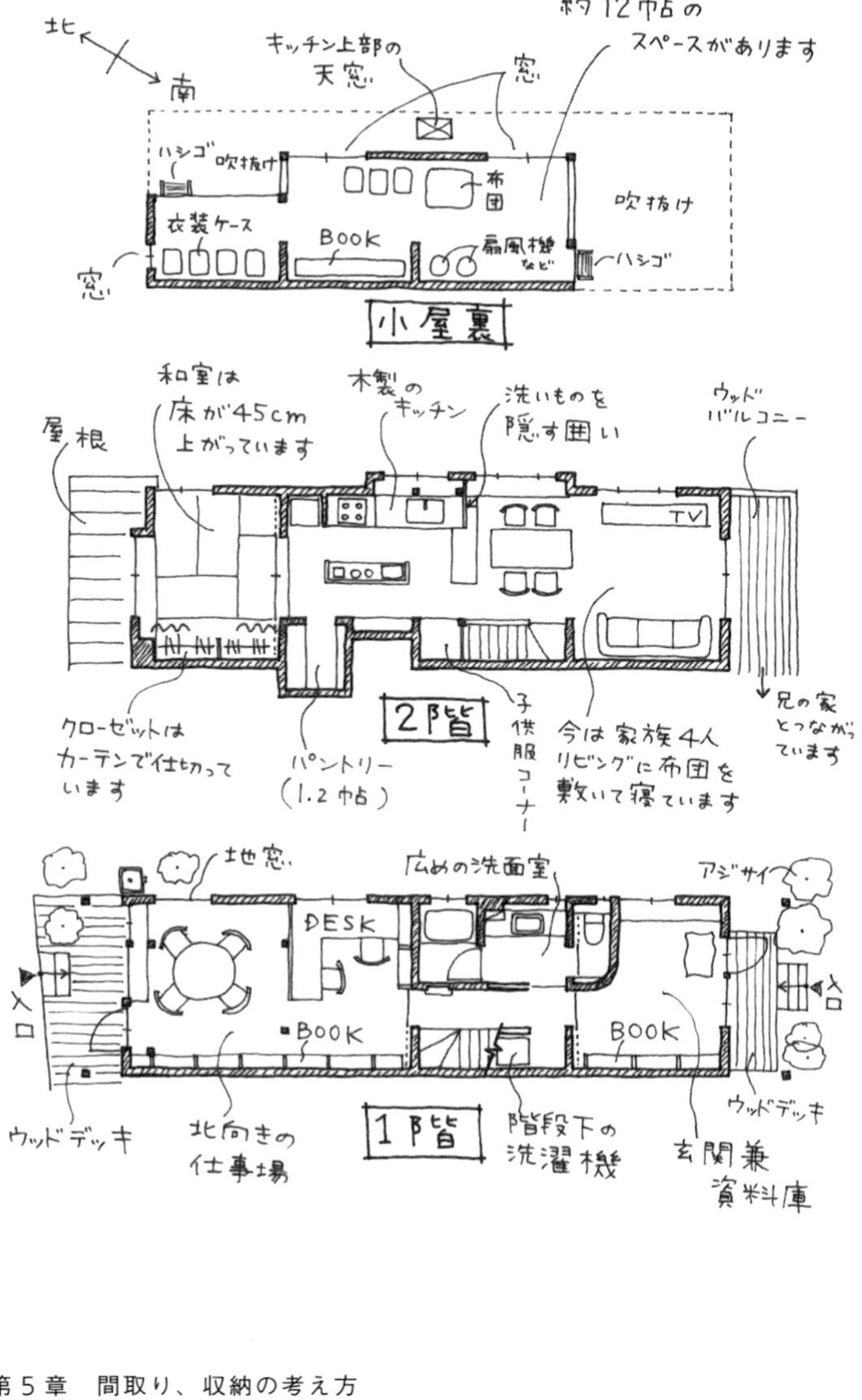
北
南
キッチン上部の
天窓
窓
約12帖の
スペースがあります
ハシゴ
吹抜け
布団
吹抜け
衣装ケース
BOOK
扇風機
など
ハシゴ
窓
小屋裏
和室は
床が45cm
上がっています
木製の
キッチン
洗いものを
隠す囲い
ウッド
バルコニー
屋根
TV
兄の家
とつながっています
子供服コーナー
クローゼットは
カーテンで仕切っています
2階
パントリー
（1.2帖）
今は家族4人
リビングに布団を
敷いて寝ています
地窓
広めの洗面室
アジサイ
DESK
入口
入口
BOOK
BOOK
ウッドデッキ
ウッドデッキ
1階
北向きの
仕事場
階段下の
洗濯機
玄関兼
資料庫

リビングはつくらなくてもいい。将来つくれる）でもいいし、１ＬＬＤＫ（リビングのようにくつろげる場所を家のなかにひとつと決めなくてもいい）でもいいし、２Ｋ＋残り全部アウトドアリビング（屋外空間を積極的に取り入れた家）でもいいのです。

私たち家族の家も、４人家族（夫婦＋子ども２人）に対して個室はひとつしかありません。将来「自分の部屋がほしい！」なんて子どもたちが言いだすかもしれないけれど、そのために部屋をたくさんつくって狭くなった共有空間で暮らすのが嫌だったのです。

子どもはどうにか居場所を自分で見つけて、楽しく暮らしていくだろうと楽観的に考えています。仕事場で寝てもいいし、玄関兼資料庫を整理してベッドを置いてもいい。スペースがあるなら増築する方法もあるし、漫画「タッチ」のような別棟を建てたり、そんな暮らし方も楽しいかもしれません。

せっかくの注文住宅、もっと自由に考えていいはずなのに、居間と家族の人数分の個室、それから客室というふうに、部屋数で空間を区切っていくのは残念です。

この章では、部屋数優先の考え方を、一度横に置いてください。「何部屋いるか」の視点を完全に忘れてくださってけっこうです。

大切なのは、**「何部屋必要か」ではなくて、「その家でどういう暮らしがしたいか」**ということです。

2章でつくったノートをもう一度見直してください。

ノートの優先順位で、もっとも高かったことは何でしたか？

あなたの理想の暮らしには、どんな空間が必要ですか？

理想の暮らしを第一に考え、その「暮らしの優先順位」からスペースを確保
↓
余ったスペースを個人の個室などに割り当てる

という順番で考えていくのです。

例を出して説明してみます。

たとえば、一般に標準的な広さとされる敷地面積30坪で、4人家族（夫婦2＋子ども2）の家を建てるとしましょう。

ここで、巻頭の折り込み図を見てください（切りはなしてもOKです！）。

建売住宅やハウスメーカーが提案する間取り図が、仮にA図のようだったとします。広

めのＬＤＫに、主寝室、子ども部屋が２部屋、和室という４ＬＤＫ。全室南向き、ウォークインクロゼットも納戸もあって、申し分がないように見えます。

もちろんこの間取りが悪いとは言いません。これでじゅうぶんという方もいるでしょう。ただ、もう少し自分の暮らしに引き寄せて考えてみると、これとはまた違った間取りが見えてくるのではないでしょうか。

間取り図のなかで自分を動かしてみよう

間取りという平面図から、建ったあとの「暮らし」を想像するのはなかなか難しい作業です。いろいろ考えて建てたはずでも、実際に住んでみて「しまった！」と思うことはひとつやふたつ、出てきてしまうかもしれません。でも、できるだけ「しまった！」を減らすために、間取りを読む力をつけましょう。

間取りの読解力を養うには、間取りのなかに自分や家族を置いて、実際に動かしてシミュレーションしてみることです。想像力をフルに使ってください。

季節はまだちょっと肌寒い春です。まず朝起きて、カーディガンを羽織って寝室を出ます。そのあとすぐに洗面所に向かいますか？　それともダイニングでしょうか？　今日の天気は晴れです。ダイニングではどこから日が差しているでしょうか？　カーテンを開けたら、何がまず目に入りますか？　窓を開けたら、風はどこからどこへ抜けていきますか？

そんなふうに朝起きてから夜寝るまで、ふだんの1日の動きを間取りのなかで再現してみましょう。平日や休日、晴れの日や雨の日。それに春夏秋冬。いろいろなシチュエーションで想像してみてください。動線はもちろん、日当たりや風通し、周辺環境も意識するといいでしょう。

そうして間取りを見ているうちに、「ここはこの位置のほうが動きやすいかな」「ここにデスクがあると日差しが強いかな」などと、単に間取りを眺めるだけではわからないことに気づくはずです。

間取りで行動が変わる

さて、折り込み図の説明に戻ります。

B図は私が実際に敷地面積30坪で設計した家の間取り図です。建てた時点では小さい女の子がひとりいる3人家族でしたが、将来的にお子さんをもうひとりほしいとのことでしたので、4人家族として考えています。

A図とくらべてみて、どこが違うと思いますか?

たとえば、2階。

B図の設計図は、階段を上がってすぐ目の前がホールになっています。パッと見て、日当りのいい場所でゴロゴロしたり、みんなが集まる絵が浮かびませんか?「洗濯物を干すスペースとしても利用できるのかな?」と思った方、正解です。建て主さんは共働きで、花粉症もひどいので、家のなかに洗濯物を干す場所がほしいというご希望だったのです。

オープンスペースでは、子どもたちがおもちゃを広げて遊んだり、天気のいい日曜日の午前中に、お父さんが寝転がってくつろぐことができます。

一方、A図だと2階に上がったら、すぐに各部屋にこもってしまいますよね。2階は、ただ個室に入るだけの場所ということになります。「個室優先」で、家族間のプライベートを確保したい人にとっては、よい間取りといえます。

間取りで行動が変わります。「人が集まるから場所が必要」と考えがちですが、「場所や仕掛けをつくると、人が集まる」ものなのです。

私の実家は、私が大学生のときに平屋から3階建てに建て替えて、それぞれに快適な個室ができました。すると、家族みんなが1カ所に集まることが極端に減ったのです。縁側がなくなったことで、毎日のように立ち寄ってくれていた祖母の昔なじみのご近所さんが、パタリと来なくなったのはコラムで書いた通りです。

心地よい場所に人は集まる

「家族が集まる場所をつくりたい。みんなが遊びに来てくれる家にしたい」。

このような要望を持っている方も多いと思います。

「人が集まる」＝「広い場所」と連想しがちですが、リビングを広くしても人が集まるとは限らない。**人間は広い場所ではなく、心地よい場所に集まるからです**。

たとえば、リビングの面積を少し削って庭に木を植えます。植木は目隠しの役割も持つので、外に向かった窓を大きくつくることができます。さらに、少し大きめのダイニングテーブルを置いたらどうでしょう。あたたかな窓辺のソファに座ってその木を眺める人、ダイニングテーブルでお茶を飲みながらテレビを観る人、宿題をする子ども。みんながなんとなくつながりながら、自分の時間をすごせるのではないでしょうか。

また、暗かったり、寒かったり、暑すぎる空間にも人は、集まりません。

そこで注目してもらいたいのは、廊下です。

A図は1階も2階も廊下があって、廊下の両脇に部屋や洗面所、浴室などがありますね。対してB図だと、1階に廊下はありません。エントランスがそのままリビングにつながっています。2階も廊下は、寝室と洗面室、トイレのあいだに1畳分だけしかありません。

設計するとき、私はいつもなるべく廊下をつくらないようにしています。廊下は、どうしても暗く細長い空間になりがちです。くつろげる場所というわけでもないし、通る以外の用途もあまりありません。移動するための場所に、スペースを割くのはもったいないと考えているからです。

さらに、**廊下があると、部屋の温度差が大きくなってしまいます**。冬場など居間は暖房をしていて暖かいけれど、向かいの洗面所に行こうと廊下に出たら、寒さでブルッとなったという経験はありませんか。

部屋をたくさんつくると、廊下が必要になります。廊下をつくったことで各部屋の温度差（暑すぎる、寒すぎる）が大きくなり、結果としていつも使う部屋は限られてしまうということを、少し頭に入れておいてください。

廊下にもよさはあります。「通る場所」であることを、最大限生かすのです。壁面いっぱいの本棚をつくったり、ワークスペース、物干し場も、可動間仕切りで部屋をつなげて使えるようにしたり。通る以外の機能を持たせると、ただの廊下が、家のなかでぐっと魅力を増すはずです。

季節・経年の変化を意識に入れる

それから、B図には子ども部屋間に壁がありません。仕切りがつくれるように考えてはありますが、将来子どもが独立したときに仕切りを取りはずして、別の空間に使えるようにしています。また、サンルームと接している寝室のドアが引き戸になっているので、開け放して広く使うこともできます。対してA図のようにがっちりと個室をつくってしまうと、将来ライフスタイルが変化したときに柔軟に対応するのが難しくなってしまいます。

季節によっても、部屋を小さくしてこもりたい時期と、すべて開け放して使いたい時期があるはずです。そう考えると、**変更の余地がある、柔軟な間取り**が、やっぱりいい間取りだなあと個人的には思います。

いちばんいい場所に何をもってくるか

家でいちばんいい場所とされているのは、日当たりがよくて明るい東南のスペース。だいたい、ここにみなさんリビングやダイニング、子ども部屋などを配置したいとおっしゃいます。でも、これまでいろんな家を建ててきて、必ずしもそれが正解ではないことを実感しています。

たとえば以前、2階の東南の角という、家のなかで最高にいい場所にお風呂がある家を建てたことがあります。

お風呂は、たいてい北側の暗くて、寒くて、じめじめした場所にあります。ただ汗を流し体を洗う「入浴」だけの用途でしたら、北側で全然かまいません。

このお宅のご主人は、朝起きてランニングをしてから、朝風呂に入るのが最高に幸せなひとときで、いちばんいい場所にお風呂を配置したいとおっしゃいました。

奥さんからの反対がありましたが、最後はご主人の希望が通りました。よかったのは、いつもお風呂がカラッと乾いていること。北側にあると、お風呂はどうしても寒くてじめっとしがちです。でも、2階の東南角にしたことで、本当に気持ちのいい空間になりました（161ページ写真）。

また、1階の東南に納戸をつくったことがあります。納戸もお風呂と同じく北側に配置することが多いので、本当に珍しい例です。

なぜ日がさんさんと入る場所にしたのかというと、この建て主さんにとって、納戸は大切なものを保管する場所だったからです。しまっておくのは、親からもらった桐ダンスや息子さんの釣り道具など、思い出のあるものばかり。それが湿気でカビだらけになったら嫌だという考えだったのです。

結果的にはとても使い勝手のいい間取りになりました。納戸は車庫とキッチンのあいだにあって、家の外からも中からも両方から出入りできるようになっています。家の隅ではなく、いちばんいい場所にしたからこそ、とてもアクセスがいいのです。アクセスがいいから納戸に頻繁に行くようになって、ものが片づきやすいというメリットが生まれました。

このように、東南角部屋というちばんいい場所に何をもっていくかに決まりはありません。さらにいうと、東南角部屋が必ずしもいちばんいい場所とは限りません。画家のアトリエは北側にあることが多かったりします。照度が1日中安定していることから、画家にとっては、北の部屋が「いちばんいい場所」というわけです。

「一応」をやめる

間取り図を相談しているときに、建て主さんの口からよく出てくるのが、「一応」という言葉です。

「一応、和室をつくっておこうかな」
「一応、ここにも収納があるといいかな」
「一応、納戸をつくっておこうかな」

あらゆる場面で「一応」は顔を出します。念のためという建て主さんの気持ちはすごくよくわかるのですが、これがけっこうクセモノです。

たとえば、先ほどのB図を見てください。この家では、リビングダイニングに接して、

東南のいちばんいい場所にお風呂をつくった。写真には写っていないが、東側にも窓があり、換気もじゅうぶん（木陰の家）。

東南を個室にせず、オープンな共有スペースにした間取り。宿題をしたり本を読んだり、ごろごろしたり。大人も子どもも集える場所になった（本棚のある家）。撮影：垂見孔士、写真提供：中野工務店。

約3畳の小上がりの和室。普段はご主人の趣味スペースになっている（松ヶ丘の家）。

小さな和室があります。小上がりになっていて、3畳分のタタミが敷いてあります。ふつうの和室とくらべると、狭いですよね。

建て主さんのご希望は最初、「人が泊まることもあるので、『一応』1階に来客用の6畳くらいの和室がほしい」というものでした。そこで、私は「来客は年に何回くらいありますか？」とたずねました。たとえば年に2回、お客さんが1泊するだけなら、残りの361日はそのスペースが空いてしまいます。その361日の生活を犠牲にしてまでも、6畳を取らなければいけないかということを建て主さんによく考えていただきたかったのです。

話し合った結果、6畳1室にするのでは

なくて、寝られればいいというスペースにギュッと圧縮しました。3畳あれば、布団2枚は敷けます。お客さんがいないふだんの日は、食事のあとにごろんと横になったり、小上がりに腰かけて本を読んだり。リビングの延長として使えるようになっているのです。これなら、無駄な空間にはなりません。

これ以外にも、

・ふたつ目のトイレ
・来客用の駐車場
・食器洗い機
・トイレのウォシュレット
・塀
・収納のトビラ

などなど、住む人によっては、まったく必要がないのに、「一応」と考えてしまう要素がたくさんあります。

よくよく考えてみましょう。

予算も使える面積も潤沢にあるのならいいのですが、多くの人は限られたスペースと予算のなかで間取りを考えるはずです。本来ならば大事なところにかけたいはずのスペースや費用が、「一応」にもっていかれるのは、もったいないと思いませんか？　「一応」とはいえ、ほかの場所と同じように、予算はかかります。

家づくりをしていくなかで、「一応」という言葉を発していたら、ちょっとタイム。「それは本当に必要かな？」と立ち止まってみましょう。

思い込みを捨てる

ここまでの説明で、家づくりが思い込みに支配されがちだということを実感していただけましたか？　本当に自分の暮らしにあった家をつくりたいならば、次のように思い込みや既成概念に反論していってみてください。

「部屋数が多ければ多いほどいい」→本当にそうだろうか。使わない部屋が出てきてしまうのでは？

「東南角部屋は子ども部屋に」→本当にそうだろうか。日中、子どもたちは学校へ行くし、快適にしすぎて部屋にこもりすぎるのもいかがなものか。

「天井は高ければ高いほどいい」↓本当にそうだろうか。天井が低い部屋は心が落ち着くのでは？

「どの部屋も最低6畳はほしい」↓本当にそうだろうか。メリハリをつけたほうが快適で使い勝手がよいのでは？

「トイレは各階に必要」↓本当にそうだろうか。費用も倍、掃除も倍になる。

「駐車場に屋根は絶対つけてほしい」↓本当にそうだろうか。毎日使うのは自転車で、駐輪場に屋根をつけたほうが便利な場合もある。

以前、奥さんがライターで、家で仕事をするという建て主さんがいました。そのお宅には、キッチンのなかに仕事場を設けました。回遊式で、食器棚の裏に回ると、その棚が本棚になっていてデスクが置かれています（次ページのイラスト、写真）。

最近はＳＯＨＯや在宅勤務で自宅が仕事場という方も増えています。一般には仕事場とプライベート空間を分けたほうがいいといわれていますが、このお宅では、料理をしながら仕事もしたいというリクエストでした。そこで仕事中にちょっと立って、お鍋の様子を

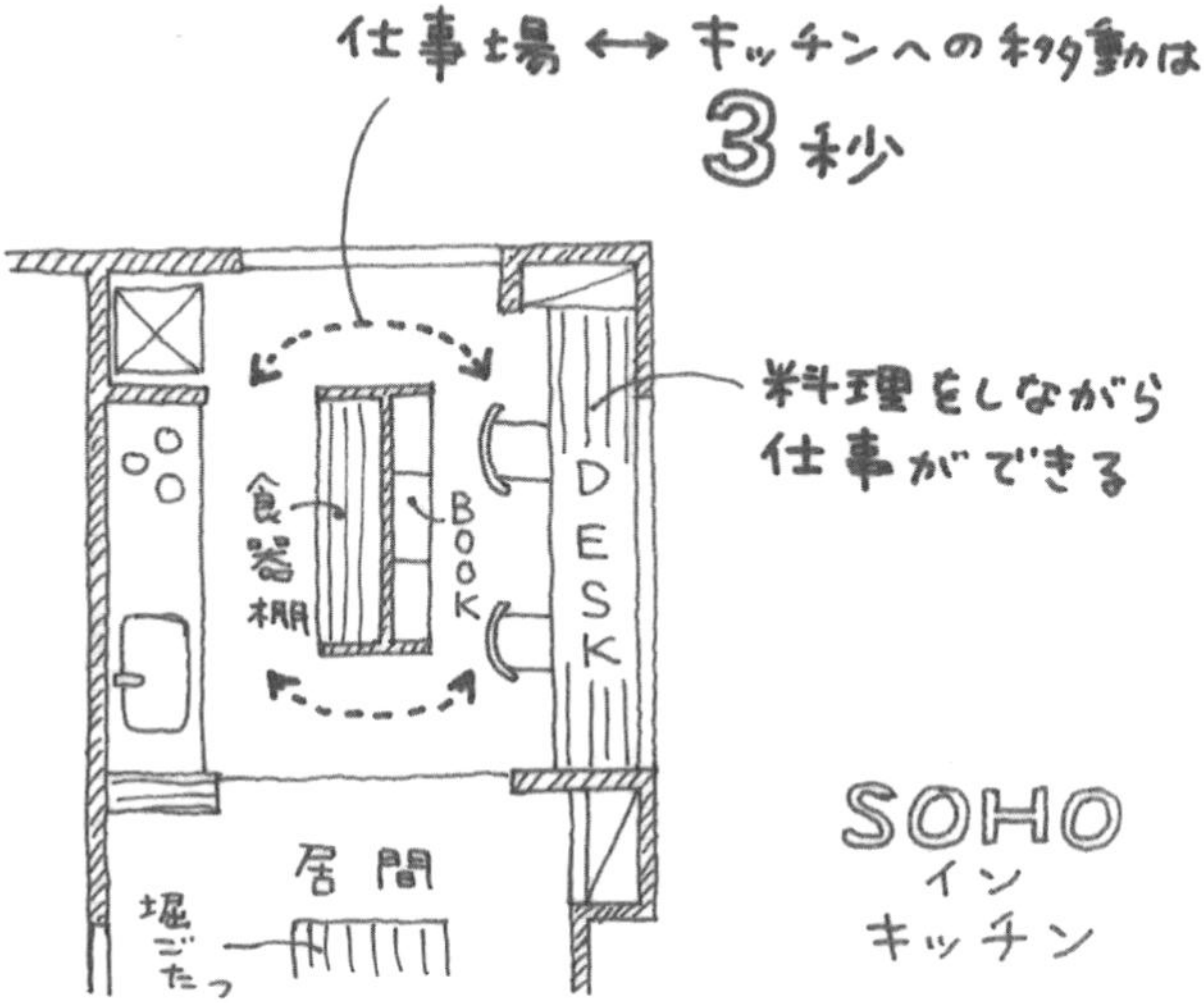

向かって左がキッチン、右が仕事場。ぐるぐると回遊でき、リビングからのアクセスがいい（スタジオのある家）。

見に行けるようなつくりにしました。

これは最短の動線を考えて設計した例ですが、逆に「動線なんて考えなくていい」という建て主さんもいます。

ちょうどいま、男性ひとり暮らしの家を設計しています。この方の希望は「自分が遊ぶための家をつくりたい」というものでした。

自転車が趣味で、リビングの向こうに庭を挟んで、その自転車が眺められる小屋がほしい。リビングには、薪ストーブを置きたい。それから、プロジェクターや音響機器を置いて、いつでも音楽や映像を楽しみたい。やりたいことがたくさんあって、自分の楽しみの実現が最優先。生活面において、多少不便でもかまわないというのがこの方の考えでした。

だから、キッチンや洗面所など水回りを1カ所に集める必要もなし。ものも別に出しっぱなしでいいから、ウォークインクローゼットもいらない。無駄のない動線や使い勝手のよさなんてことは、この建て主さんにとっては二の次だったのです。

いつもは「こうしたら使いやすいかな」と考えていろいろこまかく提案しているので、かなり勝手が違います。でも、考えてみたら、住みやすさを必ずしも最優先に考えなければいけないなんて決まりはないですよね。私にとっても、大きな発見になりました。

「使いやすく、住みやすい家がいい家だ」という私自身の価値観も思い込みだったことに気がつき、

「いい家は、住む人によってまったく違う」

と改めました。

家づくりの本には、「間取りはこうしなさい」というルールがいろいろと書かれています。

でも、参考になることはもちろん取り入れたらいいと思います。

本に書いてあることは絶対ではありません。先ほどのように「本当にそうだろうか」「自分が望むことはこれだろうか」と、既成概念に反論していくことで、自分と家族が住みやすく幸せになれる間取りを、ぜひ見極めてほしいと思います。それには、例の「家ノート」をよくよく読み直してみてくださいね。

間取りへの超主観的アドバイス

部屋の意味と役割

では実際に、部屋ごとにどのような役割があるのかを説明していきましょう。ここに書かれていることがすべて、あなたにとって正解であるとは限りません。経験上、私なりのアドバイスを述べていますが、「こうしなければいけない」と思わずに、「自分たちの暮らしに参考になるかな」という程度に読んでくださいね。

玄関

日本人は、玄関に特別なこだわりがあります。玄関というのは、もとは仏教用語で玄妙な道（＝奥深い仏道）に入る関門という意味です。それが禅寺の入口を指すようになり、武家の住宅にも取り入れられるようになりました。近世では、身分によって玄関のしつらえがこまかく決められていて、町人や農民は玄関をつくることが許されていなかったといいます。それだけ格式ある空間とされていたのです。

現代では、玄関は単に靴を脱ぐ場所になっていますが、それでも外の世界と接する大事な場所に変わりありません。昔はたいてい玄関を上がったすぐ横に来客用の応接室がありました。そういう部屋が少なくなったいま、玄関は応接の役割をはたす大事な場所でもあると思います。

アルバムを開いて、子どものころの写真を見ると、何かの節目の記念写真はいつも玄関の前で撮影していました。親戚一同集まってお正月に撮った写真、七五三、幼稚園入園、小学校入学、少年野球入団、学ランを着た中学校入学式……。サザエさん一家も、記念撮影といえばいつも玄関の前です。

玄関が、単なる出入口ではなくて、家と家族を象徴する特別な場所だったんだということがわかります。

ですから、いつも玄関は大切な場所だという意識で、設計を考えています。

玄関から門の外まで軒が出ているので、ポストも雨に濡れない（立石の家）。

玄関の前で撮った七五三の記念写真。記念写真といえば玄関の前で撮るものだった。

「田んぼのなかの一軒家に、かしこまった玄関はいりません」という建て主さんの要望で、玄関兼ダイニング兼応接間という広い土間が実現（いなかそだちの家）。

たくさんの来客も大丈夫。

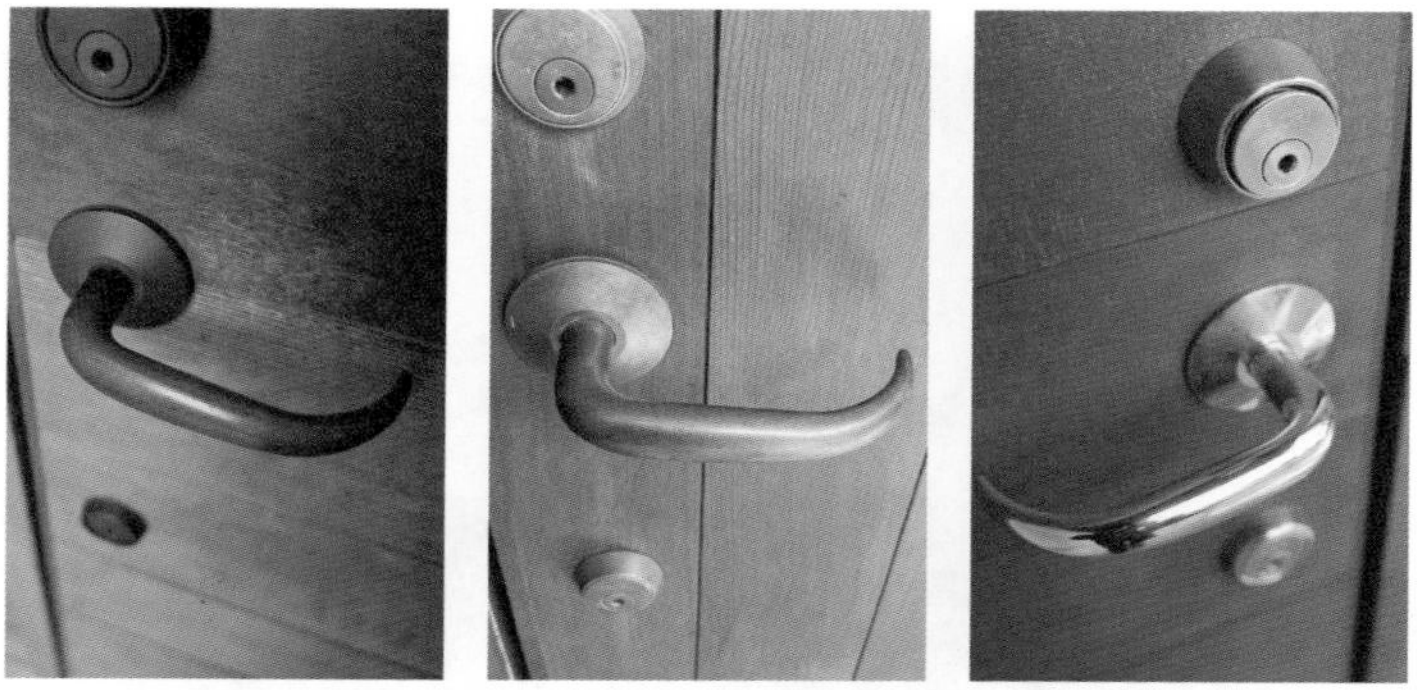

HORI製の真鍮のハンドルと鍵穴。右から新品（柏の葉公園の家)、2年後（北鎌倉の家)、4年後（清水公園の家)。

〈ポイント〉

・ドアのハンドルをいいものに

ドアのハンドルや引き戸の引き手は、できれば真鍮《しんちゅう》など質感の上等なものを選ぶようにおすすめしています。ハンドルや引き手は、毎日「ただいま」と帰ってくるときに最初にふれる場所。真鍮は、軽いアルミのものとは全然さわり心地が違います。だんだんと色が変わり、味わいが生まれてくるのも使っていて楽しいものです。

鍵も同じく、毎日ふれるところです。一般的に多く使われているのは「ＭＩＷＡ」「ＧＯＡＬ」といったメーカーの鍵ですが、ほかにもいろいろなメーカーがあります。たとえば「ＨＯＲＩ」（堀商店）の鍵。明治時代か

息子さんがふたりともサッカー部なので、靴洗いと手洗いのための水道をシューズクロークに設けた（豊四季2世帯の家）。

シューズクロークに木製の物干しを設置。雨の日に濡れたコートを干したり、「家のなかに持ち込みたくないもの」を吊るすのに重宝している（豊四季2世帯の家）。

ら続く錠前と建具金物の老舗です。東京・新橋にあったショールームは、本社の移転に伴ってなくなってしまいましたが、クラシカルで重厚な建物で、鍵をつくり続けてきた歴史を感じる展示があり、訪れるたびにうっとりとしてしまったものです。

街の鍵屋さんで合い鍵をつくれないといった面倒なこともありますが、セキュリティー面では安全安心。ちょっとした贅沢が毎日の鍵の開け閉めを特別なものにしてくれるはずです。

・収納スペースを確保する

玄関は、靴だけではなく、傘やベビーカー、郵便物、アウトドアなどの趣味用品など、意外とものがあふれる場所。玄関を現代の応接間と考えると、できるだけものが散らからないようにしたいですよね。狭くてもいいので、玄関脇にシューズクロークを設置できないか検討してみてください。

・ポーチの奥行きをじゅうぶんに取る

雨の日、ドアを開けたらびっしょりだとちょっと切ない。だから、大人ふたりが立って

何かと重宝する玄関の手すり。写真は引っ越し前のもの（流山の家）。

座った姿勢でも握りやすい縦型の手すり（松ヶ崎の家）。

も雨に濡れないでゆったり傘を差せるくらいのスペースを取ります。強い雨や横なぐりの雨のときには、傘を低く下げるのと同じで、庇《ひさし》の高さも低く抑えるほうがいい。そうすれば、お客さんが来ても濡れずに話ができます。住む人はもちろん、来る人も大事にするという気持ちが玄関先の屋根に表れます。

・手すりをつける

手すりというと、年配の方の家にあるイメージがあるかもしれません。けれど、どこの家でも意外と重宝します。靴べらや濡れた傘を掛けたり、靴を着脱するときにちょっとつかまったり。手すりがないと壁に手をつくことになるので、汚れたり、壁が傷むことも

玄関に設置したしつらえスペース。1年点検でお宅に伺ったとき、お子さんが幼稚園でつくったお雛さまが飾ってあった。常夜灯としての機能も兼ねる（浦和の家）。

あります。シンプルなものを1本つけておくと、何かと便利です。

・しつらえスペースを設ける

玄関には、いつもちょっとしたしつらえができる棚を設けるように提案しています。季節の花や絵ハガキを飾ったり、子どもの拾ってきたドングリを置いたりするだけで、家族の目を日々楽しませることができます。まるで小さなギャラリーのような、和室にとっての床の間のような場所をつくっておくのです。

忙しくて、ほかの場所が少々散らかっていても、玄関の小さなスペースだけは、いつも美しくしておく。すると、その気配りが、家全体の空気を整えてくれるような気がします。

リビング

リビングは、「家の核」となる場所。言うまでもなく生活の中心である場合が多く、家族がどのようにありたいか、どんな暮らしを実現したいかによって設計が変わってきます。たとえば家族全員が、リビングで思い思いにそれぞれ違うことをしたいとなれば、広いスペースがいります。

コタツなどひとつの場所にギュッと集まりたい家族ならば、特別広いスペースは必要ありません。

お子さんのいるご家庭で多いのは、玄関から直接個室へ行けない間取りにしてほしいという要望です。標準的な間取りだと、玄関を入ってすぐに階段があって、そのまま2階の個室に出入りできるというものが少なくありません（折り込み図A）。この間取りだと、子どもが帰宅してリビングに顔を出さずに、2階の個室にすっとこもってしまってもわかりませんよね。階段をリビング脇に設置するなど、リビングを経由して個室に行くように設計すると、思春期でもコミュニケーションが取りやすくなります。

デッキスペースをコの字型にリビングで囲い、室内外のつながりを出した（高浜の家）。

吹き抜けで全体がつながることで、どこにいても家族の気配が伝わる。階段の下は、天井の低い書斎スペース、おどり場はオーディオや書棚スペースを兼ねる（鎌倉・大町の家）。

緑の景色を取り込み、自然と一体になったリビング（鎌倉・十二所の家）。

〈ポイント〉

・デッキスペースを併設する

敷地の広さや手入れのことを考えると、大きなお庭を持つのはなかなか大変なことです。そこでリビングにデッキスペースをつなげて設けることをおすすめします。気軽に外に出て、季節を感じることができるだけでなく、床と同じ高さのデッキスペースが続いていると、リビングの延長として広く感じられるというメリットもあります。

・テレビの位置

テレビは、リビングの主役となってしまいがちです。建売住宅やマンションは、リビングがまるで「テレビを観るための部屋」であ

キッチンカウンターにテレビを収納した例。リビングの主役はちゃぶ台と写真右側にある大きな窓（かわべの家）。

るかのような設計になっていますし、実際、建て主さんもテレビを中心にリビングを考える方が多いのは事実です。とても景色のよい部屋なのに、テレビが部屋のいちばんいい場所に置かれて、窓からの景色をつぶしてしまうことも。

キッチンからも食卓からもソファからも観たい、そんな要望も多く苦戦します。

現代の生活ではテレビは欠かせないとは思いますが、せめてお互いの会話ができるような位置に置くことがのぞましいと思います。

たとえばキッチンにいるお母さんから見たとき、リビングにいる人みんなが背を向けてテレビのほうを見ていたらちょっと寂しいですよね。横顔だけでも見えるように配置を変えたら家族のコミュニケーションが必ず変わります。
建て主さんで、リビングのいちばんいい場所に、

・外の緑が見える窓
・薪ストーブ

を設置した結果、以前よりテレビを観る時間が減ったというお宅もあります。繰り返すように、「間取りが行動を変える」のです。テレビの場所については、よくよく考えていただきたいところです。

ダイニング

朝、家族が集まって朝食を食べ、夜は、お父さんがダイニングでビールを飲むのを楽しみに1日働いて帰ってきます。ダイニングは1日のスタートになる場所であり、1日を終える場所でもある。だから、家族みんながなるべく笑顔を見せられるように、ということを考えて設計しています。

〈ポイント〉

・できれば朝日が入る場所に

ダイニングはできるだけ朝日が差し込む東側に配置するようにしています。忙しい毎日のなか、朝に顔を合わせて食卓につくときぐらい、電気をつけずに明るい場所で食事ができたらいいなと思うからです。また、人間の体内スイッチは、朝日を浴びるとオンになるようにできているそうで、気持ちよく元気に1日をスタートできるように、と考えています。

・お気に入りの照明とテーブルを

ひとつの灯りの下に家族全員が集まる場所は、食卓しかありません。ですから、ほかの場所は少し妥協しても、家の中心になるダイニングの照明とテーブルは「大好きで気に入ったものをぜひ選んでくださいね」とアドバイスします。

我が家のダイニングテーブルと椅子は低めにつくってあります。テーブルは高さ68センチ。通常70～72センチで、輸入品だと75センチくらいですので、少し低めです。食事のあとも、ダイニングでくつろぐことが多かったので、低めにオーダーして家具屋さんにつ

作業台とダイニングテーブルをつなげ、最短動線で食事を配膳できるようにした。キッチンの奥はパントリーにつながる（逆井の家）。

ずっと憧れていた昇降式のペンダントランプ。シーンに合わせて高さを変えられて便利（調布の家）。

家の中心にある吹き抜けのダイニング。階段の下にパソコンスペースをつくった（松ヶ丘の家）。

くってもらったのです。

・キッチンとの関係を考える

前ページの写真下のお宅では、キッチンとダイニングがフラットにつながっています。共働きで朝が忙しいので、料理をつくって食べて片づけるという一連の流れを最短の動線でやりたいとのリクエストでこうなりました。キッチンとダイニングをそのまま並べるだけだと、キッチンのほうが高くなります。そこで、キッチンの床を少し下げています。こうすると、キッチンに立つ人とダイニングに座っている人の目線の高さが近くなり、会話しやすいという効果も生まれます。

ただし、こうしたオープンキッチンは片づけが得意な人向けです。片づけが苦手な人はキッチンとダイニングを分けたり、囲ったりするのがいいでしょう。

・小さなデスクコーナーや収納を

ダイニングでノートパソコンを開くという人も多いようですが、ご飯を食べているあいだ、横にパソコンが置きっぱなしというのも落ち着かないですよね。そこで、ダイニング

ダイニングテーブルのそばにつくりつけの収納スペースを設けた例。子どもの学校のプリントや読みかけの新聞、パソコンなどの一時保管場所になっている（本棚のある家）。

まわりにワークスペースを設けるか、小さな収納スペースをつくるようにしています。必ず電源が必要になるので、配線にも考慮しましょう。パソコン以外でも、料理本や読みかけの雑誌など、ダイニングテーブルの上には何かとものが出てきがち。ちょっとした収納スペースがあると便利です。

キッチン

キッチンは、調理しやすさや片づけやすさなど、とにかく機能性が求められる空間です。またものがいっぱいあふれる場所なので、収納をどうするかが鍵です。私はいつもキッチンの近くにパントリーを設置するようにしています（216ページで詳説）。

シンクや作業台、コンロの配置について、キッチンにはさまざまなマニュアルがあります。けれど、私は建て主さんにいつも「その通りにする必要はないですよ」とお話ししています。人にはそれまでの習性というのがあるからです。いくら作業台の右はコンロがいいと言われたところで、30年近く逆の配置で料理をしてきた人にとっては、使いやすいわけがない。だから、マニュアル通りにするのではなく、これまで自分がどういうキッチンを使ってきたか、そしてどこが使いにくかったかという視点でじっくり考えてみてください。

〈ポイント〉

・キッチンの床材について

キッチンで多い相談は、床材について。女性は冷え性の方が多いので、寒くない床を希望されます。また、フローリングだと汚れがしみ込んでしまうのではないかと心配される方も多いのです。そこで私がよく提案しているのは、コルクの床材です。暖かくやわらかいので食器を落としたときにもよっぽどでないと割れません。また、滑りにくくて安全で

シンク下を大きく開けてゴミ箱のスペースに。床はコルク材を使用（本棚のある家）。

す。反対に、タイルや石、はっ水塗装したフローリングは冷たく寒い素材です。ときどき、掃除がラクそうだし、雑誌で見かけた海外のキッチンの雰囲気に憧れて、タイルの床を希望される方がいます。けれど、タイルの上に食器を落としたら、十中八九割れてしまうでしょう。

・無駄な収納に要注意

写真のお宅にはパントリーがあるので、コンロ下にスライド式のお鍋やフライパンを入れる棚と調味料を入れる引き出しがあるだけ。湿気がこもりやすいシンク下はオープンにして、ゴミ箱を置いています。たくさん収納をつくっても、結局ゴミ箱が手前に出てきてしまったら、引き出しが開けにくくなって意味がないですよね。吊り戸棚を「一応」つけたいという方も多いのですが、これも要検討です。手が届かず取り出しにくいため、ふだん使わないものを押し込む場所になる可能性があります。よく使うものを効率よくしまえる収納を心がけましょう。

・食器棚は計画的に考える

食器棚だけは家に合うものをきちんとつくり込むのがおすすめです。よいチャンスですので、「この食器・鍋は本当にいる？」と厳選し、さらにそれらをどこに収納するかをきちんと考えてみてください。その作業をスルーして食器棚をつくってしまうと、入りきらずに別の場所に違う棚を置くことになるでしょう。それでも入りきらずに、隣にまた小さい棚をつけて、食器棚がいろんな場所にふたつも3つもあるお宅がけっこうあるんです。

ちなみに食器棚は引き戸にするのがおすすめです。引き戸なら、開けた状態にして動き回っても、頭や足をぶつける心配がありません。

・オープンキッチンは換気に注意

つくりつけの食器棚。引き戸と引き出しを組み合わせた。小さな天窓からやわらかな光が注ぐ（梅ヶ丘の家）。

トビラのない腰高の食器棚。全部見えるので使わない食器が少ない（双子の家）。

リビングの真ん中に一体化したコンロとシンクと作業台があるオープンキッチン（アイランドキッチン）はとてもスタイリッシュです。でもオープンキッチンはよほどの覚悟が必要です。上に換気扇は設置されていますが、煙や油汚れは理想的に真上に上がってくれないのです。キッチンのニオイがリビングに回るのを完全に防ぐのは難しいもの。ですので、オープンキッチンの場合、せめてもコンロ前には壁をつくるようにアドバイスしています。

洗面所

洗面所は、インテリア・機能・設備が小さななかに凝縮された空間です。家族全員が必ず毎日使う場所でもありますが、洗面所で何をするかは、人によって意外と違います。洗面所でお化粧する、しない、髪の毛を乾かす、乾かさない、トイレがついていたほうがいい人、必要ない人、なかには、脱衣所として使いたくない人もいます。

海外の美しい洗面台のように、好きな色のタイルを貼ってお気に入りの場所にしてもいいですし、共働きのご家庭では、洗剤やシャンプー・リンスなどをまとめてストックでき

洗濯機がないだけで洗面所がすっきりする（双子の家）。

丸いタイルの壁に鏡が2枚。ひとつは洗顔用でもうひとつはメイク用（柏の家）。撮影：垂見孔士、写真提供：中野工務店。

洗面所のシンクを広く深いものにしておくと、ちょっとしたものを洗えて便利（立石の家）。

目の前の山々を眺めたくて、鏡を真正面ではなく右横に設置（かわべの家）。

るよう収納重視のつくりもいいでしょう。

水回りですので、掃除しやすく清潔に、というのは大前提ですが、「どんな洗面所がいいかな」と自由に想像してみてはいかがでしょうか。

〈ポイント〉

・シンクは大きめに

手や顔を洗うだけでなく、ハンカチや洋服などちょっとしたものを手洗いするなど、日常生活のなかでは意外と洗面所を使う場面があります。できれば深めで大きいシンクにしたほうがいいでしょう。大きいと、水が跳ねにくいという利点もあります。

・鏡を大切に考える

鏡の前は、ひとりでじっくり立ち止まる大切な空間です。注意したいのは映り込み。鏡を見たとき、背景にゴチャゴチャした棚や分電盤があると、自分の顔といっしょにそのゴチャゴチャが映り込んでしまい、あまり気持ちのよいものではありません。

照明も大切です。正面近くから光が当たると顔がきれいに見えますが、真上から照らされると、老けて見えてびっくりするほど！　手元を明るくするのはもちろんですが、顔がなるべく元気にきれいに見えるよう照明を考えるべきです。毎日のことですから、鏡で自分を見るたびにがっかりしてほしくありません。

また、鏡は必ずしもシンクの上に設置しなくてもかまいません。192ページの写真のお宅は、洗面所の目の前が美しい山々の風景でした。この風景を眺めながら歯磨きしたい、というご要望で、鏡は右横、シンク上は大きな窓を開けました。

・洗濯機置き場に注意

洗濯機の周辺は、洗濯カゴや洗剤などが出ていて、生活感が出やすいもの。来客時にあわてることにもなります。階段下に洗濯機置き場をもってきたり、トビラで隠せる工夫をするだけで、雑多な印象がぬぐえます。

トイレ

トイレは家のなかでもっともプライベートな空間かもしれません。それだけに好みは個人差があります。完全に個室でないと落ち着かないという人もいれば、ホテルみたいに洗面所とトイレとが一体になっていて、オープンなほうがいいという人もいます。

本棚がほしいというリクエストがときどきあります。トイレに入りながら本やマンガを読む方はけっこう多いんですね。建て主さんからのたっての希望で、会議室の椅子みたいにパタンと倒れる小テーブルをトイレの壁につけたことがあります。

〈ポイント〉

・トイレの入口は引き戸に

引き戸は、開き戸のように場所を取らないことが利点です。引き戸なら、開け閉めしても外側に立っている人にぶつかることはありません。また、自分の体の幅だけ開いていれ

トイレにマガジンラックを設置した。閉架式の棚にはトイレットペーパーを収納。板張りの壁は調湿効果があり、湿気対策に効果的（立石の家）。

ば、開き戸のように体を大きく動かさずに入れます。少し開けておいて、風を通せるのもメリットです。ただし、防音性はドアのほうが高いので、場所によって使い分けます。

・照明

それほど明るくする必要はありません。我が家のトイレは白熱灯25ワットとかなり暗いのですが、まったく困りません。ただひとつ注意点。高齢の方などは体調チェックのため（尿や便の様子を見るため）明るさと白い便器が必要です。

・換気扇

換気扇はいつもきれいな状態とは限りません。特にトイレは狭い場所なので、目にふれやすい場所は避けるべき。床に近い足元や収納の影に設置します。

浴室

掃除の手軽さから、ユニットバスが人気ですが、窓や壁の素材に工夫をこらすだけで、毎日の満足度が上がります。

たとえば天窓。「星を見ながらお風呂に入りたい」というロマンチックなリクエストで、設置したことがあります。天窓は昼間日光が入り込むことで浴室内がカラッとしますし、窓を開けると湯気がさっと抜けていきます。

タイルや板張りの壁もいいものです。ヒノキの壁のお風呂は木のよい香りと、あたたかみが特徴です。通常のユニットバスに30万円くらいプラスの費用で実現できます。

浴室は、換気、特に夏に窓を開けて入れるかが大事なので、目隠しなども考えておくといいと思います。

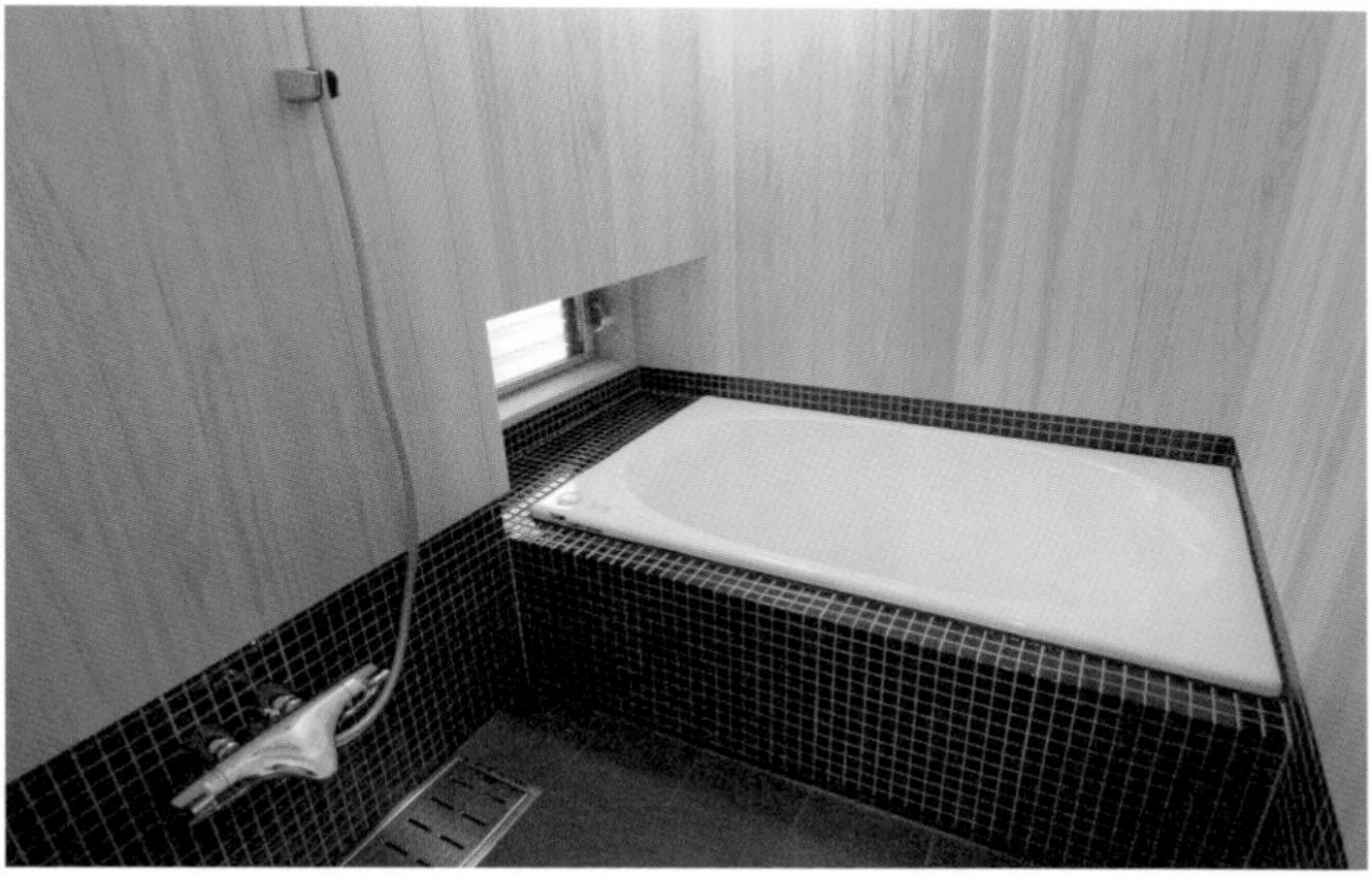

お宅に伺ったとき、「せっかくだからお風呂どうぞ！」とご家族にすすめられて、最初は遠慮したのですが、こんな経験そうそうない、と思って入らせてもらいました。ヒノキのお風呂は最高でした！（阿佐ヶ谷の家）

天窓をつけたことで明るく開放感のあるお風呂に。外づけブラインドで入浴時は視線をブロックしつつ換気ができる（ぬけ道のある家）。

〈ポイント〉

・調光できる照明

「子どもとワイワイ入るときは明るく、深夜、ひとりでゆっくり入るときは暗めにしたい」という要望で、浴室ランプを調光可能なものにしたことがあります。これがとてもよかった。少し明るさを落とすと、キャンドルを灯しているような雰囲気でリラックスできるそうです。

寝室

寝室は必ずしも「つくらなければいけない部屋」ではありません。

我が家は和室を寝室にと考えていたのですが、住み始めた当初、まだ子どもがいないころは、小屋裏（屋根裏）に夫婦ふたりで寝ていました。いまは夜になるとリビングを片づけて家族4人の布団を敷いています。風通し、暖かさなど、家のなかでいちばん快適な場所を求めて移動した結果です。ベッドではなく布団なので、柔軟に寝る場所が決められるのです。

寝室で何をするか。それをまず考えてみてください。単に寝るだけの部屋なのか、着替えをするのか、お化粧をするのか、寝る前に読書するのか。寝室でどうすごすかによって、広さも収納の量も変わってきます。

〈ポイント〉

・入口が2カ所ある寝室

夫婦間で生活時間帯の違いによるストレスを抱えていらっしゃる方は意外と多いのではないでしょうか。眠りの浅い人は、ちょっとした物音や電気のまぶしさで目が覚めてしまいます。問題を解決するために、ベッドの近くを通らなくても出入りできるよう、ドアをふたつつけたお宅がありました。

・広縁、縁側つきの寝室

旅館の部屋のように、庭先に広縁スペースをつくったお宅があります。
寝室との境のトビラを閉めておけばプライベート空間を隠しつつ、外から遊びに来たご近所さんを招くことができます。

「居心地を悪くしてください」というリクエストでつくった3畳の子ども部屋（豊四季2世帯の家）。

子ども部屋

子ども部屋は少々居心地が悪いくらいのほうがいいんじゃないかと思っています。居心地がよすぎると個室にこもってしまうからです。それは、子どものためにもよくないですよね。だから、スペースも設備も子ども部屋にはお金をかけないほうがいい、というのが私の持論です。

遊び場、勉強机などを共有スペース（リビングやワークスペース）に設けて、部屋にはあまり要素を持ち込まないようにもできます。

子どものプライベートを確保するスペース

今はワンルームだが、将来2つに区切る計画のロフト付きの子供部屋（大きな屋根の家）。

が必要になるのは、中学生ころからです。中学生から個室を使ったとして、大学を卒業するまで10年。子ども用に個室が必要な時期は、ほんのひとときです。だから、将来ほかの用途に対応できるよう、単独の部屋としてつくり込まないようにいつも提案しています。

〈ポイント〉

・取りはずし可能な間仕切りにする

上の写真のお宅の子ども部屋はいまは広めのワンルームですが、間仕切り壁を入れれば2部屋になります。そのためにドアもあらかじめふたつあります。子どもが小さいうちは、1部屋をみんなで共有。年ごろになったら、間仕切り壁を入れて完全個室に。子どもが独

家中どこにいても家族の気配を感じられることが、大切だと考えています（双子の家)。

立したあとは壁を取って、夫婦が広い場所に移ってきてもいいですし、ほかの趣味スペースとして使ってもいいでしょう。

・気配が伝わるように

上の写真は、２階の床下部分の隙間を生かして、通風を確保した例です。開け閉め可能で、何より、子どもが２階、大人が１階にいても、気配が伝わるというよさがあります。

・収納はトビラをなくしてコストダウン

建築費用のどこを削ろうかとなったとき、私はまず子ども部屋のコストダウンを考えます。よく提案するのは、クローゼットの

子ども部屋のクローゼットと棚を、トビラをつけないことでコストダウンした例。子どもが自分で出し入れできるように、高さ160センチと低めに設計（浦和の家）。

トビラをなくすこと。トビラをとってシンプルな棚をつくりつけるだけでコストダウンになります。市販の収納ケースなどを組み合わせ、目隠しはカーテンにしておけば、風通しもよく湿気もこもりにくいのです。

3人のお子さんのうちいちばん上のお兄ちゃんだけ個室をつくり、階段ホール、廊下、子ども部屋をふたつ減らしたことで、広い遊び場が実現。クライミングウォール、バスケットゴールもあり、野球も卓球もできる！（流山の家）

しっかりした梁にブランコをつけて、雨の日も楽しい子ども部屋に（手賀沼の家）。

動物と暮らす家

人間の手入れのしやすさと、動物の快適さは違う

首都圏のペット可マンションは2000年ごろから急激に増えました。

ペット可のマンションの仕様を見ていて、びっくりすることがあります。共用部分にドッグランがあったり、足洗い場があることはいいのですが、「壁や床を汚れにくく、手入れのしやすい素材にしています！」という謳い文句。その素材を見てみると、ツルツルに加工してある合成樹脂だったりします！

これらの素材は、人間にとって掃除しやすい床かもしれませんが、ペットにとっては、爪が立たないので歩きにくくすべりやすく、非常にストレスなのです。

高気密高断熱のマンションで弱ってしまった猫が、築30年の一軒家に引っ越した途端、

元気に走りだし、ごはんをモリモリ食べだしたという話も聞いたことがあります。

人間もペットも同じ動物。人間が本能的に心地よいと感じる空間は、やはりペットにとっても居心地がよいはずです。床は無垢のフローリングでオイル仕上げ（コーティングしない）、壁は漆喰や珪藻土《けいそうど》仕上げなど、自然素材を使った家で暮らす犬や猫たちは、建て主さんいわく、「居心地よさそう」とのこと。

3匹の猫と暮らす「美容師さんの家」では、床は無垢の木、壁や天井はベニヤ板でつくりました。猫3匹が吹き抜けの猫用らせん階段を、元気に飛び回っているといいます。猫たちが木を引っ掻くのですが、

「猫にとってはそれがいいのだから気にしてないよ。傷も味になっているし」とおっしゃっています。

私自身、ペット用に特別な対策を取る必要はないという考えですが、犬の場合、
・階段を急にしない（足や腰を痛めないように）
・透かし階段にしない（恐がりなので上りやすいように）
などの対策をすることがあります。

そのほかは、

梁の上を猫専用通路に。ペットから要望を聞くことはできないので、「猫専用」をつくっても、実際に歩いてくれなかったらどうしよう、遊んでくれなかったらどうしようと不安だった。引っ越し後、存分に楽しんでいる様子をうかがい、ホッとしました（抜け道のある家）。

猫の階段（抜け道のある家）。

猫専用の引き戸（北鎌倉の家）。

壁面いっぱいに設けた本棚は奥行きや高さをランダムにつくり、猫が自由に歩き回れるようにした（北鎌倉の家）。

・ペットフードと散歩グッズの置き場（わりとかさばるのであらかじめ確保）
・トイレの置き場（洗面所まわりなどに設置。洗面台の下などを空けておくことも。衛生的に保つため換気扇や窓を用意する）
・ペットが歩き回るルートを想定して、トイレまでの動線などを工夫する（ドアや引き戸が閉まっていても入れるように、ペット専用の小トビラをつくるなど）
・犬の場合、就寝時はケージに入れるお宅もあるため、その場所を決めておく（テレビの近くなど、騒がしい場所はかわいそう）

といったことを設計時に考えます。

動物は話せませんから、「動物たちの心の声」に耳を澄まし、家づくりに取り入れなくては、と思っています。

収納の取り方

面積や多さよりも使いやすさ

「収納をできるだけ多く、たくさん」と希望される建て主さんは多いものです。けれど、収納スペースにだってお金はかかっています。

たとえば、建築費用がひと坪あたり80万円だとして、2坪の納戸をつくったら、それだけで160万円。「本当にそれだけの予算をかけていいの?」と少し考えてみてください。そのぶん、「部屋の壁をすべて漆喰にしたい」「床を無垢のフローリングにしたい」などという希望を優先したいと思いませんか?

納戸に入れたいものというのは、たいていふだんは使わないものだったり、「一応」取っておきたいものだったりします。そうしたあまり必要のないものを押し込むために、限られたスペースと予算が犠牲になるのはもったいないと思います。

快適に暮らすために収納は必須ですが、大切なのは「多さや面積」よりも「使いやすさ」です。では、使いやすい収納とはいったい、どのようなものでしょうか。収納のコツを挙げてみます。

1．用途に合わせて分散させる

2．日常的な動線の途中につくる

3．一時避難場所を用意する

一つひとつ具体的に説明していきましょう。

1．用途に合わせて分散させる

折り込みの間取り図をもう一度、見くらべてみてください。A図は、納戸とウォークインクローゼット、それに和室に一間分の押し入れがあります。大きな収納が3つもあれば、じゅうぶんじゃないかと思うかもしれませんよね。でも、家族4人の一般的な家庭で考えると、きっと足りなく感じるでしょう。

たとえば玄関。収納が下駄箱しかないので、ほうきやちりとり、傘、ベビーカー、自転車の空気入れといったものが三和土《たたき》にあふれてしまいます。

キッチンも広々として収納がたくさんあるように思うかもしれませんが、意外と入りきらないものが出てくるでしょう。宅配サービスからダンボールで届く野菜や、ゴミ箱に入りきらないビンやペットボトルのゴミ。大きなものを置いておくスペースがありません。

それから洗面所に収納がないのも気になります。タオルや洗剤などを置くための収納スペースが、少しでもあれば助かると思いませんか？

一方、B図の間取りを見てみると、いろいろな場所に収納があるのがわかると思います。シューズクローク、トイレに小さい収納、玄関ホールにコート掛け、リビングに本棚、キッチンにパントリー（食品庫）、洗面所にタオル入れ、2階の廊下に本棚。収納の総面積は、もしかしたらA図のほうが広いかもしれません。ただ、数カ所に大きくまとまっていて、必要な場所にはありません。

しまってある場所と使う場所が離れていると、取り出すのもしまうのも億劫です。お風呂場で使うタオルを、寝室のクローゼットに取りに行くのは面倒ですよね。

用途に合わせて、使う場所にいちばん近いところに分散させる。それが、第一のコツです。

2. 日常的な動線の途中につくる

納戸がいちばん北側の奥にあるという家は多いと思います。人が全然行かないところにあるんです。そういう納戸は、得てしてあまり使われないものです。開け閉めしないでいるうちに湿気がこもってカビが……なんてこともよくある話。

納戸をつくるなら、行き止まりの暗いところではなく、できれば日常的に人が通るところにしましょう。可能ならば、入口はひとつではなく、二方向から入れるようにすると便利です。前に納戸を東南のいちばんいい場所につくったお宅の話をしましたが、あの例がまさにそうですね。このB図のお宅のパントリーもリビングとキッチンの両方から入れるようになっています。

それから動線の途中に本棚をつくるのもおすすめです。「うちは本はあまり読まないから、本棚はつくらなくていいです」という建て主さんもいるのですが、家中から集めてくると、本って意外と量があるものです。そのための収納をつくらないと、あふれ出した本が、

壁一面の本棚は階段に沿って設計。「階段に座って本を読みたい」という希望を聞いて、ふつうよりも幅広い階段に（本棚のある家）。

小屋裏へ上がるための階段を本棚にした（鎌倉・大町の家）。

カラーボックスやクローゼットの隙間など、あちこちに詰め込まれてしまうことになります。

たとえば、B図のお宅では、まず1階のキッチン下、ダイニングにあります。ここにはレシピ集や読みかけの雑誌や本などを入れる想定です。それから階段を上がったところと、廊下の突き当たりが本棚になっています。ここには気に入った本や、子どもの絵本などを入れてもいいですよね。

もしどこかに押し込まれていたら、読み終わった本を手に取ることはないでしょう。でも、動線の途中に本棚があれば、ふとしたときに手に取って開いてみると思います。よく通る場所に収納をつくると、生きたものの使い方ができるようになるのです。

3．一時避難場所を用意する

整理整頓の鉄則は「出したらしまう」ですが、なかにはすぐにしまいたくないものも家のなかにはけっこうあります。ダイニングなら読みかけの新聞・雑誌、玄関なら開封していない郵便物。キッチンなら洗ってまだ乾いていない食器。こうした保留のものがどんどんたまって、いつのまにか、食事をする、料理をするといった、本来の目的を圧迫するほどのスペースを陣取ってしまうのです。

だから、ものがたまりそうなところには、一時避難場所を用意しておきましょう。ただし、くれぐれも「一時」が「常時」にならないように。ときどきチェックして、しまうもの、捨てるものを分別するようにしてくださいね。

あると便利な収納

では次に、私がいつもよく提案している収納をご紹介します。スペースが許せば、ぜひこれらの収納を検討してみてください。

・シューズクローク

これまでにも何度か登場しているので簡単にご説明しましょう。シューズクロークは、玄関脇に設けた土足で入れる収納スペースです。これがあると、入りきらずに三和土《たたき》を占領してしまう靴がなくなります。下駄箱だと必ずトビラが必要なので、湿気がなかにこもりがちです。でも、クロークならオープンな棚にできるので、風通しがよく、靴にもやさしいでしょう。

間口1.2メートル、奥行き1.4メートルのパントリー。狭いスペースだが、これがあるのとないのでは大違い。ストック食材だけでなく、キッチンペーパー、調味料、米びつ、ふだん使わない大鍋などキッチン周りのあらゆるものを収納できる（双子の家）。

あとはラケットやバットなどのレジャー用品、傘やほうきなど外で使う大きなものが置けます。壁にコート掛けをつくれば、ふだん使いのコートや買い物用の袋もかけられます。濡れた傘やレインコートなどを置いておくのにも便利です。

外で使うものだけれど、家のなかに置いておきたい。そんなものをしまう場所は意外とこれまでなかったのです。それだけにシューズクロークがあると、かなり重宝すると思います。

・パントリー

パントリーに置いておくのは、イモや玉ネギなどの野菜類や缶詰といった食材のストック、ふだんは使わない大きな土鍋や調理器具、客用食器などです。ここに炊飯器や電子レンジなどの家電を置いてキッチンをすっきり見せるようにしているお宅もあります。

パントリーで気をつけているのは、奥行きの深い棚と浅い棚の組み合わせにすること。奥行きが深いと、詰め込みすぎて奥のものが取り出しにくくなるからです。

それから、上から下まで全部棚にしてしまわないのもポイントです。下のほうはできるだけ大きめに開けておきます。そうすると、収集日まで置いておかなければいけない大きなダンボールなどのゴミや、箱買いした野菜などかさばるものも置いておけます。パントリーに掃除機を置くという方も多いようです。

・布団収納をお忘れなく

収納の希望で多いウォークインクローゼット。でもほとんどの方が、洋服を入れることばかり考えて、布団や毛布など寝具類を入れるスペースを忘れてしまうんです。

以前、布団屋さんの建て替えのお仕事をしたときに、教えてもらった布団収納のポイントは、次の3点です。

・奥行きを、布団三つ折りでぴたりと入る寸法に

スギ材を使用した多段式、スノコづくりの布団収納棚（いなかそだちの家）。

・すのこ状で通気性をよくする
・多段式にする

従来の押し入れは、2段になっていて奥行きがありますよね。でも、2段式だと布団をどんどん上に重ねて、下の布団がぺちゃんこになってしまい、使うときにもう一度よく干さないといけなくなる。多段式にすると、敷き布団、掛け布団が分けて収納でき、つぶれず取り出しもラクです。

クローゼットのポイントは、棚や引き出しなどであまりこまかく区切らないこと。ハンガーパイプと棚を1段つくるくらいにしています。

すべての収納にいえることですが、持ちも

南のリビングと北側の部屋をつないだマンション改装例。通路をクローゼットにしたことで、密閉空間にならず風通しもよい（YOGAの先生の家）。

のは経年で変わっていきます。子どもも成長するし、思いがけない趣味を持つこともあるでしょう。そのときにある程度の柔軟性がないと、対応できません。

ですから、棚を可動式にする、オープンに開けておくなどして、洋服のほかにもいろいろ使えるように考えて設計しています。

・小屋裏

小屋裏は、屋根の三角の部分を有効活用した収納スペースです。高さが1・4メートルまでと決められています。居室として利用することは法律で認められていませんが、いろいろな用途があります。

昔のイメージだと、暑くて狭くて真っ暗で

上りにくくて……小屋裏はいりません！　という意見もたまに聞きますが、屋根の断熱をしっかりおこない、屋根面の熱い空気を逃す経路（通気層という）をつくったり、空気の入れ替えや光を取り入れる窓を設置することで快適な空間をつくることが可能です。

以前は下層の面積に対して8分の1の広さまでしか認められていませんでしたが、現在は2分の1までOKになりました。ということは、たとえば延べ床面積が30坪の家の総2階建ての家だとすると、2階の面積は15坪、小屋裏は7・5坪（15畳）もつくることができるのです。これだけの面積があれば、扇風機、ストーブ、こいのぼり、クリスマス用品、スキーやスノーボード、来客用の布団など、日常的に使わないものの収納に、とても重宝します。

上がり下りは取りはずし可能なハシゴをつけるのが一般的です。行政によっては緩やかな階段の設置も認められるようになっています。

小屋裏に窓をつけ、2畳分のタタミを敷いた。ごろりと寝転んで本を読んだり、子どもたちがブロックで遊んだり、気持ちのよい空間になったそう（本棚のある家）。

小屋裏にボックスを重ねて季節外の衣類の整理（本棚のある家）。

小屋裏の窓から美しい緑がのぞめる。窓をつけることで単なる収納場所ではなくなった（木陰の家）。

広さの考え方

広さと狭さと快適度の関係

家を建てるなら、「広いリビングがほしい」と考える方は多いと思います。現代の標準的な広さでいうと、ダイニングキッチンと合わせてＬＤＫは15～20畳といったところでしょうか。「広ければ広いほどいい」と思われている節がありますが、必ずしもそうはいえません。

ときどき、リビングを広くしすぎて後悔したという話を耳にします。たとえば、広すぎて冷暖房が効きにくいとか、デッドスペースができてしまったとか。面積をもう少し削って、収納スペースを増やせばよかったという後悔の声も。

大切なのは、**数字上の広さではなく、広さが感じられるかどうか**です。開放感があれば、実際の面積が多少狭くても気にならないでしょう。

広く感じる間取りの工夫

実際の面積は広くなくても、間取りによって広く感じさせる工夫はできます。そのひとつが、**高低差を利用して、抑揚をつける**ことです。

ときどき「玄関の天井を高くして広々とした空間にしたい」と希望する方がいます。雑誌などには、バーンと玄関が吹き抜けになっている家が載っています。たしかに抜け感があって気持ちがいいのですが、家全体のことを考えると、玄関はできるだけ低いほうがいいと私は考えています。

理由は、玄関が高く広々としていると、リビングに入ったときに、どうしても狭く感じてしまうから。逆に玄関の天井が低めで、リビングが高めになっていると、入ったときに目の錯覚でバッと広がりを感じます。

一般的には「天井は高いほうがいい」と思われています。たしかに高いほうが広く感じられますが、玄関から廊下、トイレ、収納に至るまで全部高くなっていると、慣れてしまって高いと感じなくなるのです。高低差があってはじめて、高いところを高いと感じられるのです。

もうひとつの工夫としては、境界を区切らないことです。

玄関の場合、「ここからが建物の内側です」とはっきり境界線をつくらずに、ちょっと曖昧にします。具体的には、ポーチから三和土まで土間が続いていくようにしたり、ポーチからホールまでずっと天井に同じ素材を使ったりして連続感をもたせるのです。

この天井のテクニックは、洗面所の天井板がそのままお風呂に入り込むようにする、ドアの高さを高くしてドアの上部に少しある壁をなくすことで連続感をもたせるなど、ほかの場所にも応用できます。

こうした工夫にお金はそれほどかかりません。実際のスペースは限られていても、やり方次第で広がりを感じさせる家をつくることはできるのです。

暮らしてみてわかること

洗濯物に要注意！

ウォークインクローゼットが人気ですが、意外と忘れがちなのがクローゼットにおさまってくれるまでの洋服の居場所……。そう、洗濯物を干す場所です。

最近は晴れていても急に天気が悪くなって雨が降りだすことも多いですよね。そんなとき、生乾きの洗濯物を干すスペースはありますか？

たとえ浴室に乾燥機があっても、家族４人分の洗濯物となると干しきれない。そうすると、必ずどこかの部屋に洗濯物が出てきてしまいます。あっちの部屋、こっちの部屋、下手したらいちばん広いリビングへ……。洗濯物がぶら下がっていると、通るのも邪魔ですし、くつろげません。とはいえ、あとからポールを設置するとなると、洗濯物はけっこう

取り外し可能な物干し金物。

重いので構造上の問題も絡んできて、なかなか大変です。

そこで、設計段階で「洗濯物を室内のどこに干しましょうか？」と聞くようにしています。よく提案するのは、２階の階段ホールなど日の当たる場所に、物干しのポールを設置する方法です。

洗濯物は、ふだんしまっているものだけに、暮らし始めて困ったと思うことの代表格。間取りを考えるときは、忘れずに居場所を確保してください。

ゴミのこと

生活していると必ず出てくるのが、ゴミ。

自転車置き場を兼ねた玄関ポーチ。奥行きがあり広いので、最近設置した薪ストーブの薪置き場としても活用できた。木のスロープは建て主さんの手づくり（ぬけ道のある家）。

生ゴミはもちろん、新聞・ダンボールなどの資源ゴミ、お酒を飲む方はビンや缶が1週間で箱いっぱいたまります。ゴミ置き場は、家の内と外、それぞれにあらかじめスペースをつくるべきです。**室内では「ゴミが発生する場所」、屋外では「捨てに行く場所」の近く**にあると便利です。

自転車置き場を忘れずに

カーポートは立派につくったけれど、自転車置き場を忘れていた！　という話をよく聞きます。毎日、通勤や通学に使って、車よりも頻繁に出し入れするのは自転車だったりします。しかも、家族分となると、それなりの面積が必要。設計段階で忘れないようにしてくださいね。自転車置き場は、雨に濡れないように、できれば家の軒下にすべりこませてあげたいものです。

コンセントやスイッチの位置

よく考えておかないと、出かけるとき靴を履いたら電気を消せない、掃除機をかけるのに何度もコンセントを差し替えなければならず、「ここに差し込み口があったらなー」ということになります。新築なのにタコ足配線だらけ……というのはなんとも悲しい。

パソコン、電話、プリンター類の配線も、事前に検討しておくと、目立たない場所に設置したり、つくりつけの家具にあらかじめ配線ルートの穴を開けることができます。

大きくて開けられない窓よりも

間取り図ではわかりにくいのが、視線の問題です。窓やドアの位置を立体的に想像しなければいけません。

上部に細長く窓をつけた（浦和の家）。

座席から隣家が視線に入らない高さに窓を設置（国領の家）。

たとえば、229ページの写真（上）のお宅のダイニングには、上のほうに細長い窓がありますが。この窓は東向き。ダイニングは朝日が入る場所がいいというお話をしましたが、こちらから朝日が差し込んでくるようになっています。ならば、もっと窓を大きくすればいいじゃないかと思うかもしれません。けれど、窓の向こう側は駐車場なのです。

駐車場は朝夜問わず、いつも人の出入りがあります。大きな窓があったとしても、目線が気になってカーテンを閉めきるようになってしまうでしょう。せっかくの窓の意味がなくなってしまいます。そこで上のほうだけ窓をつけることにしたのです。高い位置にあるので上からのぞかれる心配もありません。カーテンのいらない窓はとても快適です。

これは窓の例ですが、ほかにも、玄関ドアからリビングが丸見えだったり、脱衣所のドアを開けるとダイニングの窓まで一直線で見通せたり。住んでみてから気づく視線の問題はけっこうあります。

窓やドアなどの開口部があったら、そこから何が見えるか、そしてだれに見られるかを想像してみましょう。

column

5

大好きな建築家①

泉《いずみ》 幸甫《こうすけ》さん

世田谷のアパートに住んでいた25〜26歳のころ、近所に気になる集合住宅がありました。低層で、マンションにありがちなゴージャスなエントランスがなく、通りからはあまり見えないのだけれど、何か特殊なオーラを発している気配を感じたのです。

ある早朝に、その敷地内に入ってみました。すぐに管理人のおじいさんが出てこられて注意されてしまったのですが、建築を勉強していて、ぜひ見学させてほしいと打ち明けると、快く許可をいただきました。

ゆるやかな坂を上るアプローチから中庭に出ると、何十種類もの樹木、草花が咲き乱れています。中庭を囲う形で建物が配置され、美しいバルコニーが連なっていました。

土地の高低差を生かした設計で、上ったり下りたり回遊できるつくりになっています。ところどころにベンチが置いてあり、住んでいる人たちが集えるたまり場のような場所も多い。ドアもすべて表情が違います。

建物はもちろん、外部空間やそこに漂う雰

囲気がそれまで体験したことのない独特のものので、一瞬にして魅了されてしまったのです。その場に入ると、周囲とは明らかに空気感が違いました。全身に鳥肌が立ちました。このときの体験は忘れたことがありません。うまく言葉で言い表せませんが、人生に何度もあることではないでしょう。

この集合住宅こそ、泉幸甫さんが設計した「泰山館」でした。賃貸用集合住宅なのに、漆喰壁で、フローリングは無垢のナラ。一戸一戸すべての間取りが違います（ということは、泉さんが膨大な設計図面を書き、工務店さんがひと部屋ひと部屋、心を配ってつくったということ）。その後も何度も何度も見に行き、訪れるたびに感動しました。

それから10年後、憧れだった泉幸甫さんとはじめてお会いすることができました。泉さんが校長となって若手建築家育成のための「家づくり学校」を開校することを知り、迷わず申し込みをしたのです。〝校長先生と生徒〟としてお付き合いがはじまり、いまでは私のことを「丹羽ちゃん」なんて気さくに呼んでくださる大建築家です。

泉さんの住宅は、凛《りん》としています。

集合住宅に自然素材を取り入れることも泉さんがずっと昔から実践されてきたことです。「自然素材を取り入れる」というと簡単に聞こえるかもしれませんが、木はもちろん、土や石まで徹底的に研究し、生産の現場まで出向く建築家はそうそういません。石なら石の採掘場にまで行き、「カタログから品番を選ぶ」建築とは、真逆のやり方です。

泉さんの「場の空気を変える建築」「凛とした建物」に若いころから魅了され続けています。

第6章

住み心地のよい家をつくるために

気候風土に合った家づくりとは

ヨーロッパと日本の家の違い

「住む」という言葉はもともと、「澄む」と語源が同じだったとされています。よどんでいた水や空気の濁《にご》りがなくなり、透き通った状態に「落ち着く」という意味から、ひとところに居を構えることを指すようになったようです。

日々心穏やかに、落ち着いて暮らせる場所。住まいはそうあってほしいものです。そのためには、目に見える間取りと同じくらい（もしかしたらそれ以上に）、風通しや明るさ、肌ざわりといった感覚的な心地よさも大切です。そこで、本章では住み心地のよさをいろいろな角度から考えていきたいと思います。

住み心地のよさを考えるとき、切っても切り離せないのがその土地の気候風土です。例

イギリス・コッツウォルズの石づくりの家。開口部が小さくどっしりとしたつくり。

京都御苑のなかの拾翠亭《しゅうすいてい》。約200年前の江戸後期に建てられたと伝えられている。

として、ヨーロッパと日本の昔ながらの家をくらべてみましょう。

235ページの2枚の写真を見て、どんな印象を受けましたか？

ヨーロッパの家には、どっしりとした重厚感があります。対して日本の家は、いまにも風が吹き抜けていきそうな開放感がありますね。

ヨーロッパでは、古くから身近にあった石材を利用して、石づくりの家が建てられてきました。特徴は、開口部が小さいことです。石づくりの家は、石を積んだ壁が建物全体の重みを支えています（組積造《そせきぞう》）。そのため、窓や出入口を大きく開けることができなかったのです。

一方、日本といえばもっぱら木造建築です。木造の家は、柱や梁などで建物の骨組みをつくります（軸組構法《じくぐみこうほう》）。強度を全面的に壁に頼っていないため、建具で仕切るなどして、開口部を大きく取ることができました。

もし高温多湿の日本で、ヨーロッパのような石づくりの家に住んだとしたら、風が抜けずに蒸し暑くてしかたがないでしょう。ヨーロッパは乾燥した気候のため、開口部を小さくしても問題はありません。そのほうが外気をシャットアウトでき、室温を一定に保ちやすくなるのです。また、日本のように地震の心配がないことも、石づくりの家が建てられてきた理由です。

ひるがえって日本の家は、風通しのよさが重視されてきました。なぜなら、蒸し暑い夏をいかに快適にすごすかが最大の関心事だったからです。

日本家屋が涼しい理由

歌人の吉田兼好が鎌倉時代末期に記したとされる随筆『徒然草』には、次のような有名な一節があります。

家の作りやうは、夏をむねとすべし。冬は、いかなる所にも住まる。暑き比わろき住居は、堪へ難き事なり。

(住まいの建築は、夏を考えてつくりなさい。冬は、住もうと思えばどこにでも住める。猛暑の欠陥住宅は我慢ならない)

冬の寒さには、基本的に「耐える」という考え方。厚着をしたり、火を熾《おこ》したりして暖をとってなんとかやりすごす。けれど真夏の暑さだけはどうにもならなかったのでしょう。日本家屋には、暑さをしのぐためのさまざまな工夫が見てとれます。

開口部が大きく、障子やふすまを開けると風が通り抜けていくようになっているとお話ししたのもその工夫のひとつ。ほかにも、たくさんあります。

たとえば深い軒《のき》や庇《ひさし》は、雨をしのぐのはもちろん、室内に直射日光が入らないようにする日除けの役目をしています。障子や簾《すだれ》といったものも、日差しをうまくコントロールしてくれます。障子は光を適度に遮りながら、拡散もさせるので明るさを確保できます。簾も日差しを遮りつつ、風を通します。どちらも単純に日差しをカットするだけではないのです。

また、かやぶき屋根や瓦屋根は通気性に優れているうえ、強い日差しによる熱を伝わりにくくする断熱効果もあります。それから土間や土壁。いったん冷えるとなかなか暖まりにくいため、夜間に冷えた温度を保ってくれます。

そのため、真夏に日本家屋に入るとひんやり涼しく感じます。たとえエアコンや断熱材といったものがなくても、家の構造だけでずいぶん快適になるのです。

屋根にものすごくこだわっています

「自分はこれといった個性もこだわりもない設計士」と思っていた私ですが、この本を書くにあたって、もう一度自分の仕事への考え方を見つめ直してみようと、過去の日記やブログを読み返してみると……「屋根」というものを特別に大切に考えていることに気がつきました。屋根に関する記述がとても多いのです。

日本の気候風土が培ってきた住まいの知恵。それは屋根によく現れています。

雨の多い日本では、最低限の住まいを「雨露しのぎ」と表現するように、昔から屋根が重視されてきました。ヨーロッパは「壁の建築」といわれるのに対し、日本は「屋根の建築」といわれるほどです。

古い神社仏閣には、大きく張り出した立派な屋根の建築が多いですよね。屋根を大きく出すには、技術も労力も要します。でも、それほどこだわるのも、もとはといえば屋根が非常に重要な機能をはたしていたからです。それは時代を経たいまでも変わりはありません。

屋根に通気窓を開けると、小屋裏だけでなく、家全体への換気ができる（双子の家）。

雨の日でも洗濯物が濡れないように、1.2メートル出した屋根。軒裏にはスギを張った（松ヶ丘の家）。

垂木《たるき》が内と外とつながっている様子は、私の原風景。幼いころ、畳に寝ころびながら、天井の垂木が軒に出ているのを眺めていた。軒裏に給気口をつけることで、夏、熱い空気が屋根のてっぺんから抜けるだけでなく、冬の結露対策にもなる（かわべの家）。

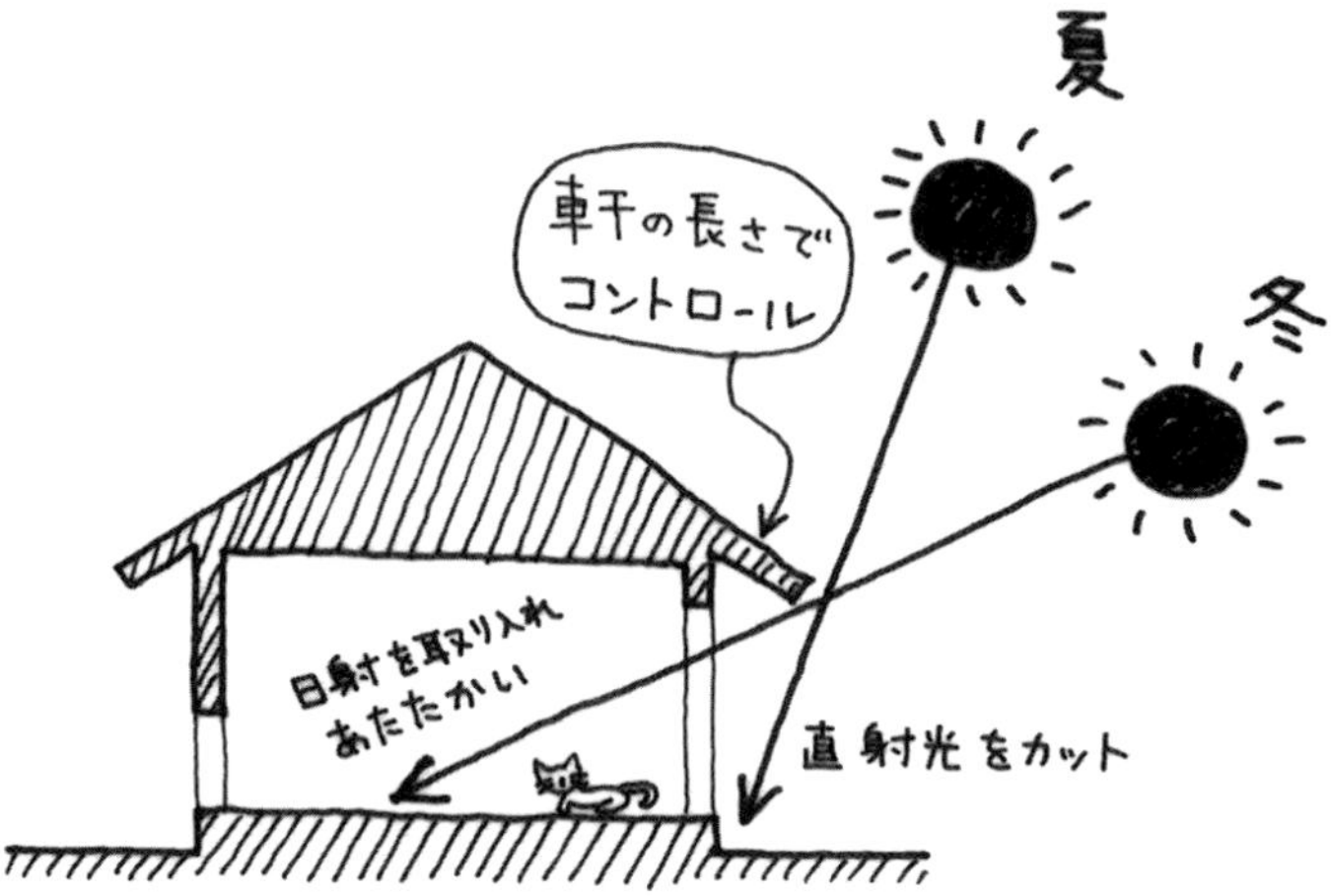

上の絵を見てください。夏は太陽が約70度くらいの角度まで上がります。逆に、冬は30度くらいまでしか上がりません。太陽の角度を考慮して屋根の長さをきちんと算出すれば、真夏は暑い直射日光をカットでき、真冬はぽかぽかとした日差しを室内に取り込むことができるでしょう。

しかし、最近では軒《のき》や庇《ひさし》のないストンとした箱型の家が増えています。夏は直射日光がダイレクトに差し込みます。となると、当然部屋は暑くなりますよね。

また、軒や庇のない家は、雨の日に傘を差さずにいるようなものです。屋根が大きく軒が深ければ、雨が部屋のなかまで吹き込みません。**雨の日でも窓を開けて風通しをよくす**

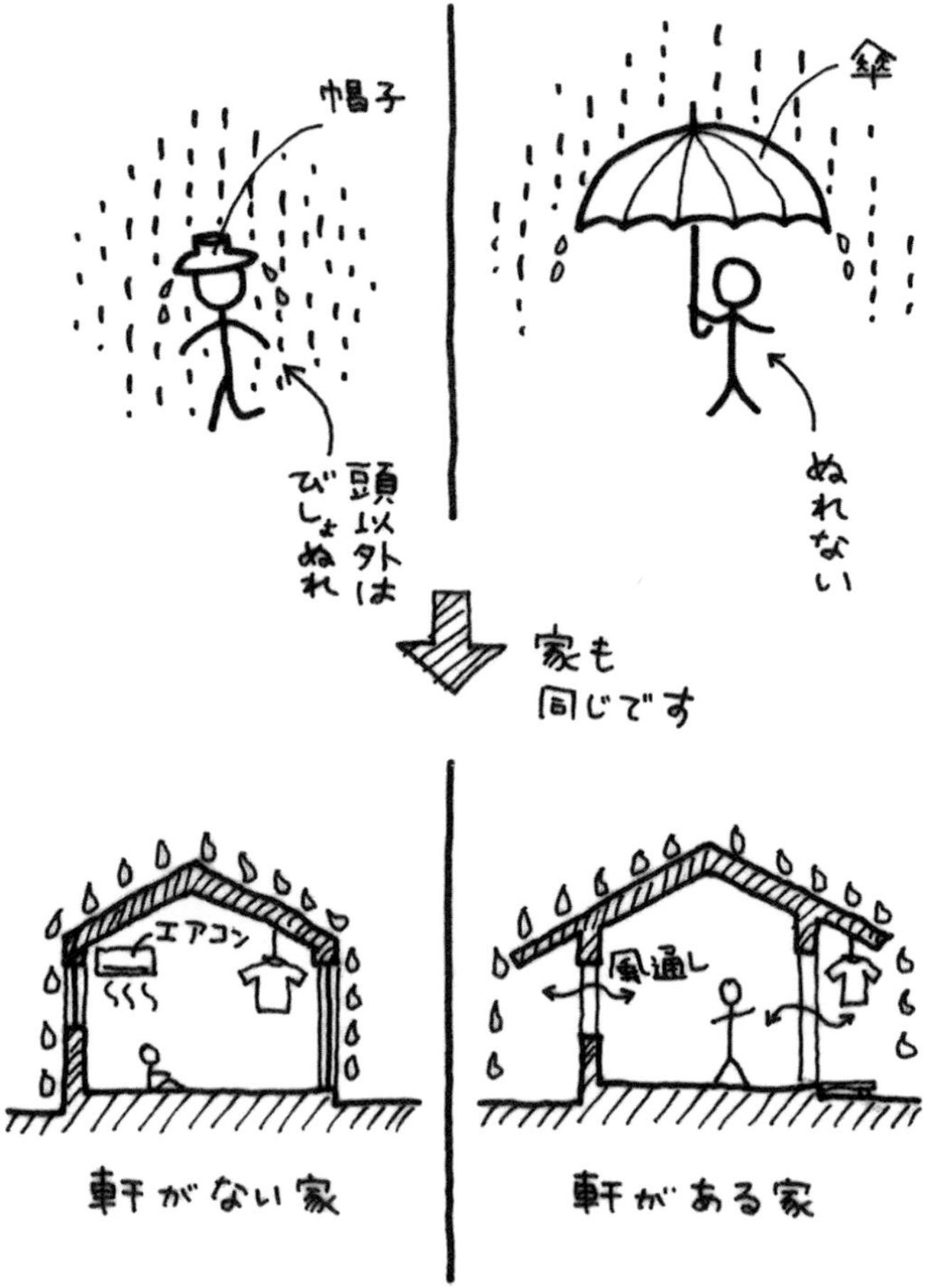
帽子
頭以外はびしょぬれ
傘
ぬれない
家も同じです
エアコン
風通し
軒がない家
軒がある家

ることができます。逆に軒や庇がないと、ちょっと雨が降っただけでも窓を開けられず、湿気が部屋にこもってしまいます。

屋根には、雨による傷みや汚れから外壁を守ってくれるという大きな役割もあります。

軒がないと、外壁は雨に直接さらされます。「雨に濡れて急激に乾く」というのを繰り返すと、塗装がはげたり木が反《そ》るなど、傷みやすくなります。そして雨はほんの少しの外壁の亀裂からも入り込み、腐食の原因になります。

このように屋根は、日本の家にとって非常に重要なものです。けれど、建て主さんが屋根に対して何かをリクエストすることは滅多にありません（断熱材へのご要望は多いのですが）。

ぜひともみなさんには、屋根をはじめとした根本的な家のつくりから、住み心地のよさを考えていってほしいと思います。

夏涼しく、冬暖かい家をつくるには

断熱材や冷暖房を考える前に

「高気密・高断熱の家を建てたいんです！」

はじめての面談でそんなふうに意気込む建て主さんは少なからずいます（なぜか「YouTubeで見た」という方が多いんです）。そういうとき、私はいつも「**いくらお金をかけて、どんなにいい断熱材を使ったとしても、それだけでは暖かくはなりませんよ**」と説明します。

断熱材は、熱を逃がさない、もしくは入ってこないようにするためのもの。室温を保ってくれるのに効果を発揮するものです。自然に発熱したりするわけではありません。熱源がない限り、部屋は暖かくはならないのです。その大事な点を忘れてしまっている人が多いように思います。

1　家のつくりで夏涼しく、冬暖かい設計にする
←
2　断熱材で外の熱を遮断、保温する
←
3　冷暖房設備で調節する

この順番を忘れないようにしてください。断熱材の前に、まず「家のつくり」なのです。断熱材の入っていない昔の古い日本家屋でも、さんさんと日が差し込む設計なら冬でも昼間は暖房がいらないくらい暖かいこともあります。まずは太陽や風など自然の環境をいかに上手に利用するかということが大切です。

とはいえ、現代ではまわりが家に囲まれていたり、窓を南側に開けられなかったり、環境的に難しいこともあります。そこではじめて「断熱をどうしましょう」という話になるわけです。

多用な商品がたくさん出ている現代、ともすると設備など上物のテクニックですべて解決しようとしがちです。けれど、まずは「家のつくり」によって自然の環境を生かすことを検討してみてください。そのうえで足りないところを断熱と冷暖房で補う、という順序で考えていきましょう。

涼しさをどう実現するのか

昨今、猛暑の夏が続き、日中は窓を閉めきってエアコンをつけっぱなしという家も多いと思います。でも、できれば朝晩くらいは、エアコンを切ってすごしたいものです。

空調設備に頼らないで涼しさを手に入れるには、日差しや熱をいかに遮り、部屋のなかに涼しい風を取り入れるかが大切です。

風通しをよくするためには、風の通り道を計画的につくらないといけません。近ごろは防犯を気にするためか、小さな窓が数カ所あるだけの家を見かけます。しかし、それだと風はうまく通り抜けてくれないでしょう。かといっていくら大きな窓があっても、抜けていくところを考えなければ、風は通ってはくれないのです。

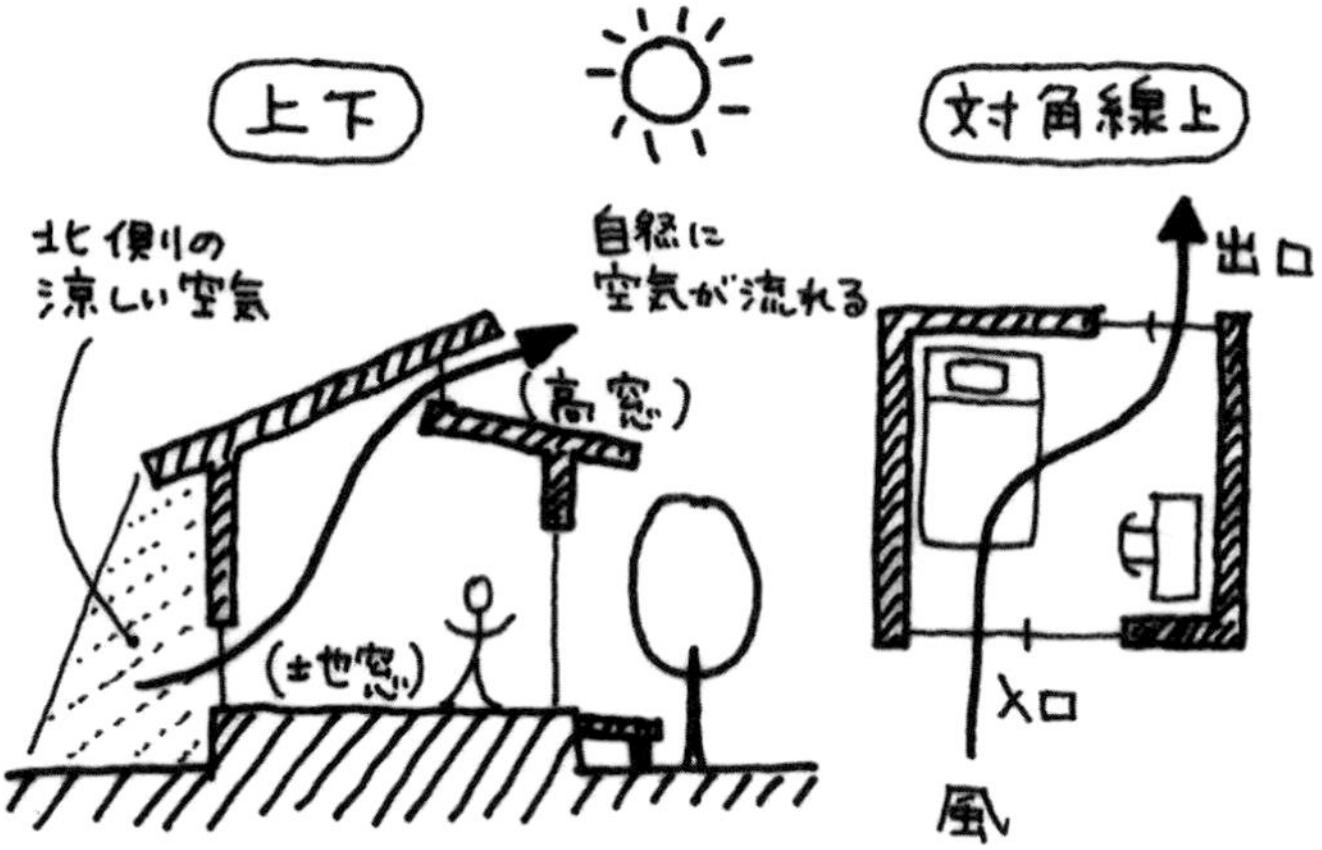

風の通り道を確保するには、最低でも風の入口と出口のふたつの窓が必要です。さらに、その窓を「対角線上」と「上下」につけることがポイントです。上下につけるのは、暖かい空気は上に、冷たい空気は下に動くからです。たとえば部屋の北側に地窓（床に面した低い窓）を設置して、家のいちばん高い場所に高窓（天井近くの高い窓）を設置したとしましょう。すると、北側の日陰の涼しい空気が家のなかを通り抜けて自然に高窓に抜けていきます。これを家全体に応用して、1階の窓から、2階の天窓に抜けるように考えることもできます。吹き抜けをつくると涼しくすごせるのも、同じ効果によるものです。

昔ながらの日本家屋に、屋根の上に小さな

秋田の越し屋根。左の写真は建物内部から見たところ。雪が積もると1階からの換気・採光ができなくなるので、越し屋根が大きな役割をはたす。

屋根が載っているのを見たことがないでしょうか。これは越し屋根《こやね》と呼ばれ、採光や煙抜き、換気のために設置されています。いわば和式のトップライトです。トップライトなんて言葉がない時代から、ちゃんと風の通り道が考えられていたんですね。

家のなかの涼しそうなところに地窓をつけて、そこから入ってきた風をどこから抜こうかなと考える。窓がふたつあれば、あとは何もしなくても勝手に自然が涼しい風を届けてくれます。

風の通りがよいと、建物の湿気がこもらずカビやダニの発生を防ぎます。湿気は人体にアレルギー症状を引き起こすだけでなく、建物の傷みの原因になります。間取り図を見るとき、家を立体的に想像し、**どこからどこに風が抜けるか**を必ずチェックしてください。色鉛筆などで風の通りを書き込んでいくのもいいでしょう。

建具《たてぐ》や窓の種類でも大きく変わる

風の通りは、窓の位置だけでなく、窓の種類や建具のつくりによっても変わります。たとえば、室内の部屋の仕切りでいうと、引き戸の場合は5センチだけ、もしくは10センチだけ開けておけるので、風通しにも有効です。ドアの場合は基本的には完全に開いているか、完全に閉まっているかの状態しかつくれません。また欄間《らんま》部分を開閉式にすると、プライバシーを守りつつ空気を流せます（２５０ページイラスト）。

暖かさをどう実現するのか

暖かい家を実現するには、涼しさとは逆に日中の日差しを取り入れ、その熱を逃がさないようにすること。

風通しは窓の種類によっても変わる

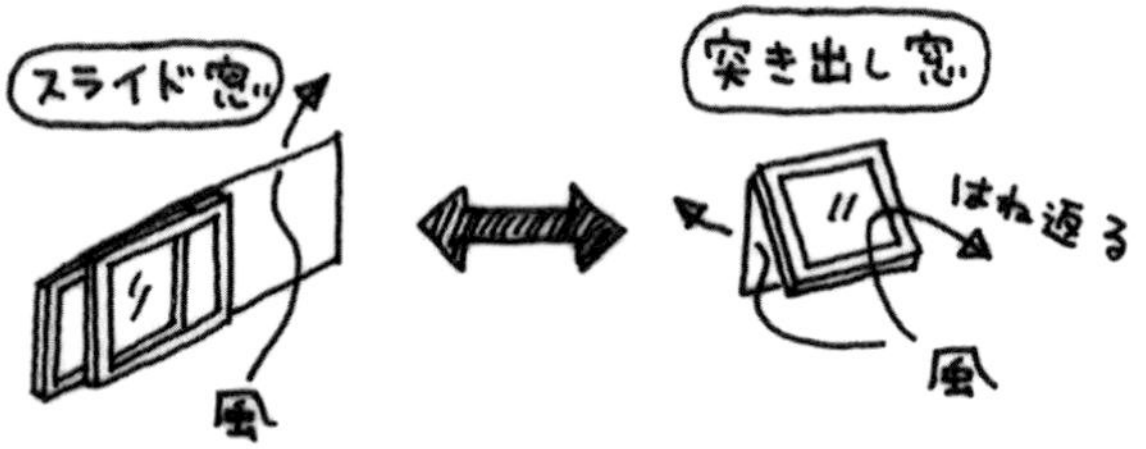

正面からの風は
入るが、横からの
風は入らない

正面からの風は
はね返すが
横からの風は入りやすい

室内では…

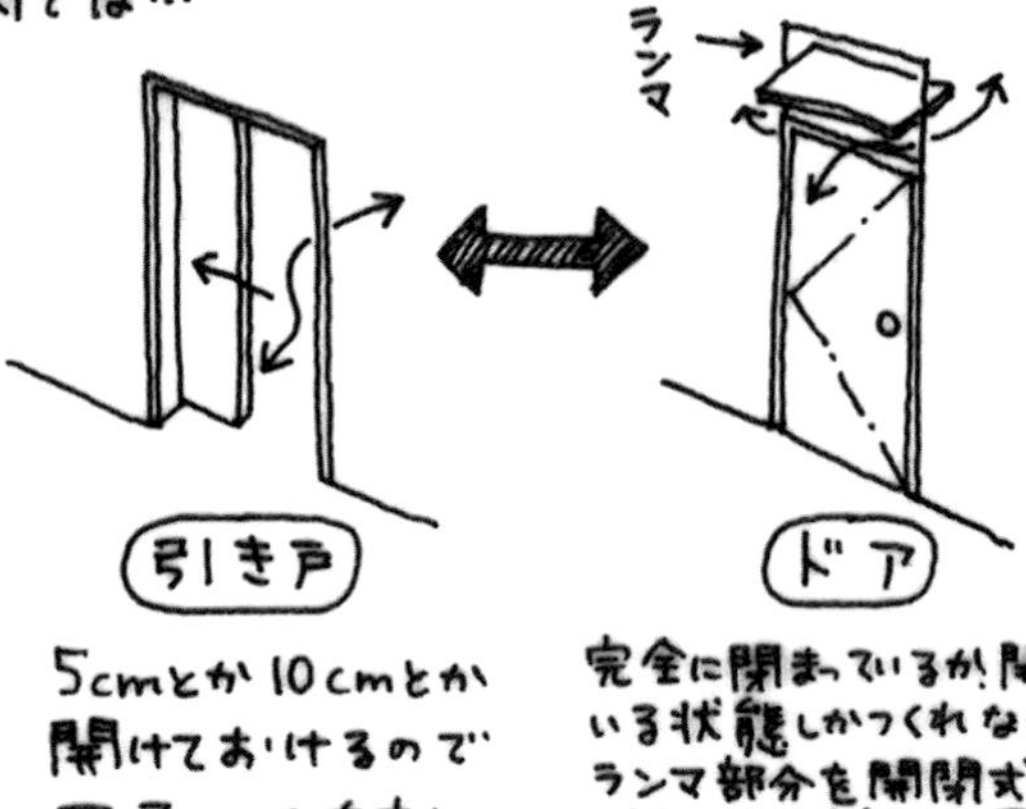

5cmとか10cmとか
開けておけるので
風通しにも有効

完全に閉まっているか開いている状態しかつくれない。
ランマ部分を開閉式にして
プライバシーを守りつつ風通し
をすることも可能

日差しを取り入れるには窓が必要ですが、窓は熱を逃がす原因にもなります。壁や床の断熱材のことはすごく気にしているのに、窓については全然注意を払っていない人がいます。リフォームのご相談のときに、「うちは古いから壁に断熱材が入っていなくてとても寒いのです」とおっしゃる方が多い。でも、壁や窓、屋根や床などから逃げていく熱の量を計算すると、窓からの量が圧倒的です。家の広さ、素材などの条件によって変わりますが、一般に約40パーセントもの熱が窓から逃げていくとされています。

考えてみれば、窓ガラスの平均的な厚みは3ミリほどです。いくら部屋のなかを暖房しても、たった3ミリ向こうには外の冷たい空気が流れているのです。それに対して、壁は少なくとも10センチ以上あります。

窓から失われる熱の量を減らすには、ペアガラスにしたり、断熱性の高いサッシを使用したりする方法があります。それからガラス窓と障子を組み合わせるのもいいでしょう。窓ガラスと障子のあいだに空気の層ができて、和紙1枚でもかなり断熱効果が得られます。

床材で体感温度が変わる

窓に加えて考えたいのが、床の材質です。

床は直接体がふれる場所。いくら暖房を入れていても、床の温度が低ければ、足の裏から熱が奪われていきます。

床材はできるだけ熱が伝わりにくいものを選んだほうが暖かく感じます。

木材はコンクリートやタイルにくらべ、熱が伝わりにくい性質があります。なかでも無垢のスギ、ヒノキ、パインなどの針葉樹は、空気を多く含むために熱が伝わりにくく、暖かく感じます。やわらかい材質のため傷がつきやすいという難点はありますが、心地よさを考えれば針葉樹はおすすめです。針葉樹の床は、足も疲れません。

同じ無垢材でも、ナラ、タモ、クルミなどの広葉樹は、固く傷がつきにくい材質です。足でふれたときにひんやりとして、真夏でも肌ざわりがさらっとしていて気持ちがいいのです。

表面の塗装には注意が必要です。無垢材は空気をたくさん含んでいます。木が呼吸しながら調湿してくれているからこそ、夏、心地よい肌ざわりなのです。表面をコーティングしてしまうと、呼吸できなくなり、床はベタベタします。せっかくの無垢材なのに、その特性を殺してしまい、ビニールの床と同じになってしまうのです。

内断熱と外断熱

断熱とは、住宅の**内と外との熱の移動を防ぐこと**。現実的には熱を完全に遮断することはできません。断熱材を壁や床、屋根や天井に施工することによって、外の暑さや寒さの影響をできるだけ少なく抑え、冷房や暖房の効果を高めます。

断熱材に少しでも興味のある方は、「内断熱」「外断熱」という言葉を聞いたことがあると思います。簡単にいうと、建物の内側に断熱材を入れるのが内断熱、外側に施すのが外断熱です。住宅業界では内断熱がいいか、外断熱がいいかでさまざまな意見があります。

・内断熱

柱や間柱のあいだの壁の隙間に断熱材を詰めるので「充填《じゅうてん》断熱」とも呼ばれます。壁の内側の空間を使うので、敷地面積に影響しないのが利点です。ただし、室外と室内の温度差が大きいと、壁のなかで結露が起きやすくなります。結露は、カビや木材を腐らせる腐《ふ》朽菌《きゅうきん》を繁殖させる住まいの大敵。そこで結露を防ぐために、防湿シートを貼る、外壁側に通気層を設けるなどの対策が必要です。

・外断熱

柱など家の骨組みの外側に断熱材を張るので「外張り断熱」とも呼ばれます。結露が起きにくい、気密性が高い、壁のなかの空間を配線や配管などに活用できるといった利点が挙げられます。ただし、外壁が厚くなるので敷地まわりに余裕が必要です。また、断熱材の上から外壁材を長い釘やビスで留めるため、将来的に外壁が重みに耐えきれず下がってくる恐れがあります。また、一般に内断熱より施工コストが高いのが難点です。

近年は、外断熱がはやっています。ただ、これは私個人の意見ですが、どの家でも外断熱がいいとは思いません。外断熱は本来、コンクリート造に向いている工法といえるでしょう。

コンクリートは蓄熱しやすい（熱を蓄えることができる）性質があります。暖房をつけると、熱はコンクリートの内側から外側へと徐々に伝わっていきます。何もなければそのまま熱は外に放出されてしまいますが、断熱材で外から毛布のようにくるまれていると、熱が逃げません。一度暖まると、暖房を切っても、今度はコンクリートに蓄えられた熱がゆっくりと放出されるので、暖かさがずっと続くのです。

木造建築に向いていないというわけではないのですが、外断熱に使われる材料は、ほとんどが石油から生成される発泡スチロール系です。せっかく壁や床を無垢の木にしても、まわりを石油製品ですっぽり覆って「あー、快適」と言っているのはどうでしょう。調湿性など木材本来の優れた点をじゅうぶんに生かしきることもできません。

ただ、使う場所によって外断熱を採用することもあります。先ほど述べたように、暑さ対策に屋根の断熱は欠かせません。そこで熱の侵入を未然に防ぐために、屋根だけ外張り断熱にすることもあります。屋根なら、壁ほど重量の負荷がかからないというのも、屋根に外断熱を採用する理由のひとつです。

また、内と外の両方、つまり屋根の内側に充填断熱をして、さらに外側にも外張り断熱を施工する「付加断熱」をおこなうこともあります。断熱材の話になると、ともすると

「内」か「外」かという二択になりがちです。でも必ずしもそうとは限らないのです。

床暖房をおすすめする理由

冷房設備はエアコンを使っている人がほとんどだと思いますが、暖房器具は、熱の伝わり方によって、暖まり具合や快適さに違いが生じます。熱の伝わり方は次の3種類があります。

- **対流熱…空気や液体の対流によって熱が伝わる**
- **伝導熱…接しているところから直に熱が伝わる**
- **輻射《ふくしゃ》熱…熱源から発せられる熱線（遠赤外線）によって熱が伝わる**

エアコンやファンヒーターなどの温風暖房は、対流熱を利用したものです。エアコンは取りつけが簡単で、温度がすぐに上がります。ただし、暖かい空気は上に行くので足元は寒く、天井近くは暖かいというムラができるのが難点です。

一方、床暖房は輻射熱、伝導熱、対流熱のすべてを組み合わせた暖房といえます。床から発せられる輻射熱が壁や天井を暖めます。また、体が直接ふれている部分は、ホットカーペットなどと同じく伝導熱によって暖められます。さらに暖められた空気が自然な対流を生み、部屋全体を暖めます。

私は床暖房をおすすめしています。その理由は、

・風が出ないので乾燥しない

・音が出ず静か

・足元が冷えないので、部屋中ぽかぽかにしなくても暖かく感じる

床の木材が蓄熱するので、スイッチを切ってから数時間経ってもじんわり暖かいのです。逆にこまめなオンオフは無意味です。部屋全体が暖まるのに時間がかかるので、寒さのピーク時などはほかの暖房と組み合わせるとよいでしょう。

火のある暮らし

最近では薪《まき》ストーブやペレットストーブの設置を相談されることが多くなりました。

薪ストーブは燃焼効率が高く、輻射熱と対流熱の両方で家中を暖めてくれます。天板を利用すれば煮込み調理もできます。

はじめて薪ストーブのある家（大工さんの家）にお邪魔したとき、玄関に入った瞬間から、室内にただよう雰囲気が違うことがはっきりわかりました。やわらかなあたたかさに家じゅうが包まれているのです。ぱちぱちと木がはぜる音、ゆらめく炎。ストーブを囲むようにみんなの距離が自然と近くなり、ゆっくりと時間が流れているようでした。大工さんの話では、いつもは大さわぎのやんちゃな男の子たちも、薪ストーブをたいていると、ストーブの前に正座してじっと静かに炎に見入っているそうです。

また、ほかに薪ストーブを導入した建て主さんは、テレビを観る時間がずいぶん減ったといいます。

火のまわりには自然と人が集まってきます。エアコンをつけても「わくわくしちゃうからお酒飲んじゃおうかな」とは思いませんが、薪ストーブにはそう思わせる力がある。薪ストーブや暖炉には、薪の入手、薪割り、薪の置き場、ストーブや煙突のメンテナンス、煙による近隣への配慮など、考えておかなくてはいけないことも多いのですが、それらの手間を引き換えにしても、その魅力は余りあるといえるでしょう。

電気や石油を燃料とせずに暖かさを得られる薪ストーブ。夕暮れどきにゆらめく炎が美しい（かわべの家）。

また、意外とよく相談されるのが、ガスコンロにするかＩＨクッキングヒーターにするか。毎日使うものなので、主婦の方は「次の家では掃除がラクなＩＨにしたい」などと、考えていることが多いようです。メリットはお手入れがラクなこと、ガス漏れや空気を汚す心配がないことなどでしょう。ＩＨは火災のリスクが少ないともいわれますが、火が出ていないだけで高温の状態のコンロはじゅうぶん危険です。その点は注意してください。

個人的に、人の生活から「火」をなくしていいのだろうか、ということがいつも気になります。昔と違って庭でたき火もしないし、子どもも「火」を見たことがない、という生活は、人類が火とともに歩んできた長い歴史を考えると、違和感をぬぐいえません。掃除のしやすさだけでＩＨヒーターを選んでもいいのだろうかと、アドバイスに迷いが出てしまいます。

オール電化についても同じです。オール電化の場合はもちろん、キッチンコンロはＩＨになります。

停電になれば、オール電化の場合は、もちろん何も使用できなくなります。ただ、ガスもすべての器具が使えるわけではありません。使用できるのは、ガスコンロや小型湯沸器などのコンセント接続が不要な一部の製品です。また、すべてのライフラインが止まるような災害が発生した場合、電気はガスや水道にくらべ、もっとも早く復旧するといわれています。加えて電気式給湯器なら、タンクに貯まっている水を生活用水として使えるという利点もあります。以上をあわせ考えると、必ずしもオール電化が災害時に弱いとはいいきれません。

最終的にはライフスタイルや個々人の考えで選択すべきだと思いますが、私個人の意見を述べるなら、熱源の電気一元化には懐疑派です。わずかながらでも、火が身近にある暮らしのほうが自然だと感じるからです。

明るさを上手に取り入れる

採光の工夫

20代のころ、まったく日が入らない部屋に住んでいました。はじめてひとり暮らしをした木造1Kのアパートです。

当時は朝から晩までずっと会社で仕事をしていました。だから日当たりが悪くても「まあいいか」と思ったのです。けれど、朝日の入らない部屋は想像以上に苦痛でした。毎朝、どんよりとしたうす暗い部屋で目覚めると、気分まで沈みがちになってしまうのです。その経験が私にとって、太陽の光の大切さを実感させることになりました。

しかしながら、都心はまわりに遮るものが多く、日当たりのよい土地というのはなかなか手に入らないでしょう。だからといって、明るい家をあきらめることはありません。工夫さえすれば、明るい家にすることはできます。明るさを取り入れるにはいくつかコツがあります。

1. 光が入ってくる場所を探す

まずは四季を通して、敷地のどの方角からどのような光が入ってくるかを把握しましょう。その際、図面上だけではなく、現場に行って目で見て確かめることが大切です。北側に白い建物があれば、南から差す日が反射してかなり明るい光が入ってきます。周辺環境とあわせて考えましょう。

2. 窓の位置

よくリビングには、掃き出し窓（床面までの大きな窓）をつけなければいけないと思っている方がいます。けれど、5章の間取りのところでもお話ししましたが、たとえ大きな窓があっても、外から丸見えでカーテンを閉めっぱなしでは、入ってくる光の量も減ってしまいます。それなら高い位置に横スリットの窓を設置したほうが、明るい場合もあるのです。

やわらかい光を取り込める地窓は、視線の問題も解決できる（双子の家）。

窓は大きさよりも位置が肝心です。低い位置より、高い位置のほうが部屋の奥まで光が届きます。さらに高窓は、光が天井に反射して部屋全体が明るくなるという効果もあります。逆に地窓なら、ふわっとしたやさしい光が足元を照らしてくれます。まわりが建物に囲まれているなら、天窓も有効です。

3. 明るい光を回す

昔ながらの日本家屋には、天井と鴨居のあいだに透かし彫りなどを施した欄間があります。欄間はもともと採光と風通しを確保するためのものです。欄間のように、隣接した明るい空間から光を取り入れるという方法もあります。

たとえば、吹き抜けに面した部屋なら、壁に窓をつければ、吹き抜けに差し込む光を取り入れられます。さらに開閉できる窓にすれば、風通しも得られます。

部屋のなかが見えないようにしたいのであれば、磨りガラスやガラスブロックなどを入れてもいいでしょう。

必ずしも外の窓から光を取り入れなければならないということではありません。たっぷり光の入る空間があるなら、そこから光をお裾分けしてもらいましょう。

逆に光を取り入れすぎる弊害もあります。

たとえば「星を見ながら眠りにつきたい」と、寝室に東向きの天窓を設置したら、夜はいいのですが、夏は朝から直射日光が入り大変なことになります。同じく真南や西に向いたリビングのトップライトも、冬はいいのですが夏は温室のようになってしまいます。

大きすぎる窓や天窓（はめ殺しのことが多い）は、じゅうぶん注意してくださいね。

照明をうまく使うコツ

日が暮れてきたら、今度は照明の出番です。平日の昼間はほとんど外に出ていて、家にいるのは夜だけという人も多いと思います。だからこそ、照明によっていかにくつろぐ空間をつくり出すかはとても大事なことです。

しかし残念なことに、日本では照明に気を遣っている家があまりありません。部屋の真ん中に、どんと大きな蛍光灯のシーリングライトがあるだけという家がとても多いのです。真ん中にひとつという照明では、部屋を明るくするのに限界があります。照明は下を照らすものと考えているかもしれませんが、実は天井や壁に反射させることが、空間をより明るくするポイントです。

広いリビングに蛍光灯のシーリングライトがひとつというのは、真ん中の床だけ煌々《こうこう》と明るくて、壁や天井には光がじゅうぶんに届いていないんですね。人は部屋の真ん中より壁際など隅のほうにいることが多い。だから暗く感じてしまって、ひとつの照明を最大限明るくしようとしがちです。そうなるといつでも最大限の光量が必要になってしまいます。

なんだか暗いなあ…
暗くて読みづらい
-POINT-
天井や壁も明るくなる!!
明るい
部屋全体も明るくなったわ

ではどうすれば、照明をうまく使えるようになるでしょうか。

参考になるのは、北欧の家の照明の使い方です。北欧は日本と同じく木造の家が主流です。インテリア雑誌で北欧の家々を見ていると、実に照明をうまく使いこなしています。

北欧では、日が暮れると暗くなった部屋の奥から順々に灯りをつけていきます。その灯りも、小さなスタンドランプだったり、天井に向いているフロアランプだったり、バリエーションがいろいろあります。日本だとランプの傘は下を向いているのが当たり前ですが、欧米には天井を照らす上向きのものがたくさんあります。日照時間が短いために、灯りを楽しむ文化があるのです。

そして、置く位置や高さもバラバラです。ダイニングテーブルの上にはペンダントライト、ソファの横のサイドテーブルに小さなスタンドランプといったように、**人がいるところに、その高さに合わせて配置しています。**すべてを明るくするのではなく、人がいる場所に、必要なぶんだけの灯りをつけているんですね。

照明をうまく使いこなすポイントをまとめると、

- **人のいるところに設置する**
- **反射光を利用する**
- **調光機能をうまく利用する**
- **光源は1カ所ではなく分散させるといい**

少ないエネルギーで空間を明るく快適にできることが大きなポイントです。照明を分散させることがかえって省エネになるのです。

空間に合わせた照明器具

次に部屋ごとに絞って照明のポイントをお話ししていきましょう。行動に沿っていっしょに考えてみてください。

暗い夜道を歩いて帰ってきて、我が家にたどり着きます。

そこではじめて目にする灯りが常夜灯です。ポーチに常夜灯があると足元も安全ですし、鍵を出すにも便利です。さらに防犯の役目も兼ねます。夜中つけっぱなしの家が多いと思いますから、消費電力の少ないＬＥＤ電球が向いているでしょう。

玄関に入って灯りをつけます。そのときにパッと一気に明るくなると、すごくまぶしいですよね。高級ホテルやレストランのロビーはたいてい薄暗く感じます。それは目を慣れさせるためだといいます。部屋に入るまで、エレベーター、廊下と徐々に明るくなるように微妙に照度を変えています。それを見習って玄関の灯りは控えめに。

それからリビングへ。リビングは先ほども言ったようにフロアランプで壁や天井を照らすといいでしょう。ソファの横にはちょっと新聞を読んだりできるよう、スタンドもある

照明を1/2に近づけると……
なんだか暗いなあ
A
明るい!
A/2
机の上の明るさは
4倍 になります

といいですね。

食事の時間になると、みんながダイニングテーブルに集まります。ダイニングテーブルには、テーブルを明るく照らす専用のペンダントライトを使うのがおすすめです。その際に気をつけるのは、そのライトの高さです。

照明は距離を2分の1近づけると、明るさは4倍になる特性があります。テーブル全体に光が当たって、まぶしすぎず、暗すぎない位置を探してみてください。ちなみに料理を色鮮やかにおいしく見せてくれるのは蛍光灯の白い光よりもオレンジ色のあたたかい光です。

ごはんの時間が終わってリビングでくつろぐ人もいれば、個室や書斎で勉強したり、パソコンに向かったりする人もいるでしょう。

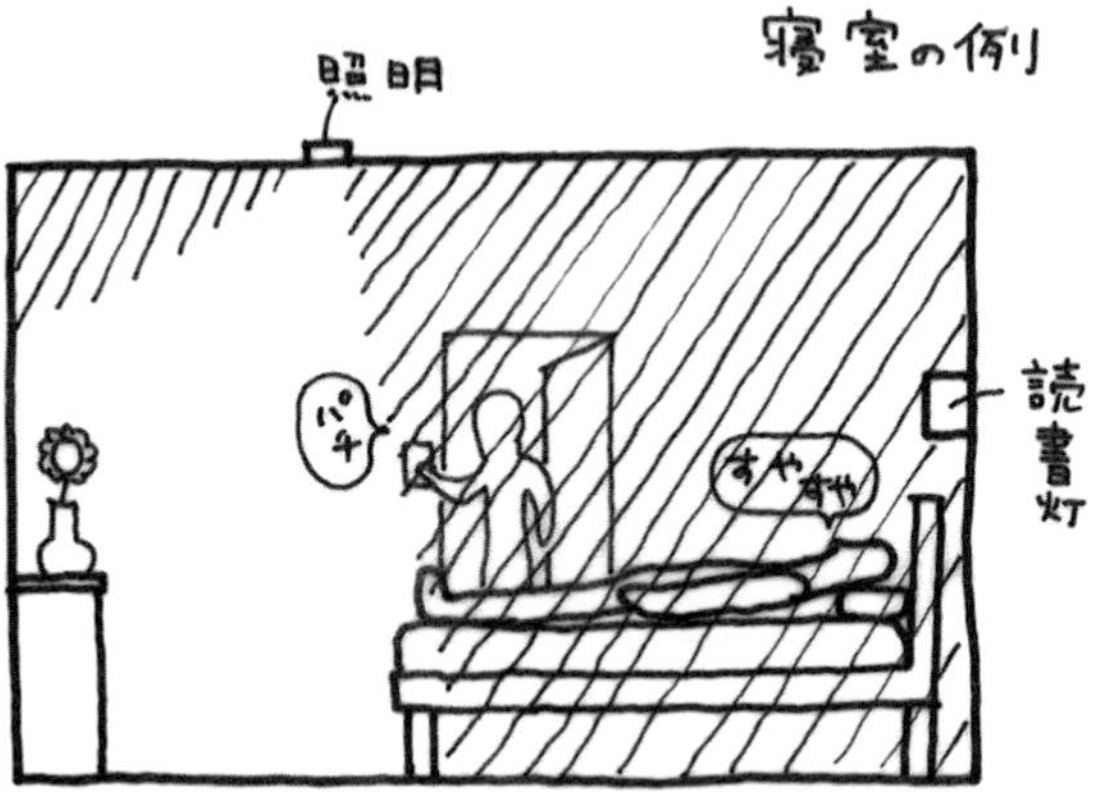

照明の位置に気配りしましょう

「目が悪くならないように、なるべく明るくしてください」というリクエストをいただくことが多いのですが、ここで注意したいのは、上から明るく照らしても、手元が影になっていたら目によくないということです。だからといって、デスクまわりだけスタンドで明るくすればいいかといえば、そうではありません。**目にとってよくないのは、明暗の差が激しいことです。**目線が暗いところと明るいところを行ったり来たりして、目が疲れてしまいます。だから机の周囲と机の上はできるだけ同じくらいの明るさにすることが大切なのです。部屋が暗いから目が悪くなるという間違った認識の人が多いのですが、ポイントは明暗差をつくらないこと。

これはパソコンを使うときでも同じです。キーボードのところを照らすことが多いのですが、じつは手元はあまり見ませんよね。それよりパソコンの背面を照らしたほうが目の負担を軽減できます。そのとき光源が直接目に入らないようにすることもポイントです。

さて、本筋に戻ってお風呂の時間です。夜寝る前にゆったりとお風呂につかりたいという人には、調光機能がついた照明がおすすめです。光をコントロールできて、よりリラックスできるでしょう。

最後は寝室です。寝室の照明も設置する位置が大切です。

「真ん中でいいです」と言う建て主さんが多いのですが、寝るときはだいたい上を向きますよね。そうするとどうなるでしょうか。だれかが入ってきて電気をパッと点けたときに、寝ていた人が起きてしまう可能性があります。そこで私はいつも、寝転がった足元の上に照明がくるようにずらしています。それからベッドのなかで読書をするなら、部屋の照明とは別に読書灯も検討しましょう。

こうして見ていくと、用途によって照明の明るさも位置も種類も変わることがわかると思います。間取りを見て「自分だったら、ここにあると便利かな」と想像しながら、照明計画を考えていきましょう。

素材、建材選びのポイント

自然素材との付き合い方

最近、「自然素材を使いたい」という人が増えています。

きっかけは、1990年代後半から問題となった「シックハウス症候群」です。化学物質を多く含んだ建材が、住む人に健康被害をもたらすことが大きな問題になりました。また環境問題への関心が高まっていることも、自然素材を志向する人が増えている一因でしょう。

いま、世の中には「ビニールに包まれている家」といっても過言ではない家もあります。床やドアには木目のプリントがしてある塩化ビニールのシートが貼られていて、壁紙も全面ビニールクロス。子どものころに捕まえたバッタをビニール袋に入れたことを思い出してしまいます。ぎゅっと口を閉じてしまうとだんだんバッタが弱っていってしまうように、ビニールに包まれている家が心地いいはずはありません。

自然素材のよさは、生きて呼吸しているところです。湿気を吸ったり吐いたりしているのです。また自然のものならではのやさしい肌ざわりや風合いも魅力です。具体的には床ならば無垢の木、壁ならば木のほかに、石灰岩を原料とする漆喰、藻類の一種の珪藻が石化した珪藻土、和紙などが、日本の家づくりに使われる自然素材です。

私としてもできるだけ自然素材を使うようにおすすめしていますが、そのときに知っておいてほしいことがあります。

まず、自然素材と謳っていても、表面の仕上げや凝固剤によっては特長をじゅうぶん発揮しきれない場合があります。

無垢の木は、仕上げにオイルを塗ります。そのときに掃除がしやすいからといって、皮膜タイプのツルツルの化学塗料を塗ってしまうと、木の呼吸は止まってしまいます。また、漆喰や珪藻土の塗り壁に合成樹脂の凝固剤を多量に混ぜるのも同様です。自然素材ならではの吸湿性や保温性といった特長を殺してしまいます。仕上げのオイルや凝固剤についてもできるだけ自然のものを使うよう、事前にきちんと確認しておきましょう。

次に、「自然素材は変化しやすい」という点をあらかじめ理解しておくことです。無垢の木の場合、夏のあいだは湿気を吸って膨張します。反対に冬は乾燥して収縮します。それによって建具の閉まり具合なども変化します。引き戸が開けづらくなったりフローリングの隙間が大きくなるなどの現象があります。人間の都合でデメリットと考えるよりも、木が生きているあかしとおおらかに受けとめてはどうでしょうか。

自然素材の心地よさと、手入れのラクさや均一性は残念ながら相反します。利便性を優先してきたために、これだけ体によくない建材が増えてしまった面もあります。自然素材を使うなら、多少の傷つきやすさなどを許容して、経年変化を楽しんでくださいね。

外壁、屋根の素材選び

自分の家を建てるとき、外壁についてはかなり悩みました。代々住んできた場所に家を建てるということで、町に対しての責任のようなものを重く感じていたのです。いろいろな選択肢を検討していくなかで、「自分の代にこういう外観にしてしまっていいのだろうか」と、決められなくなってしまいました。そこで、生まれ育った昔の家のことを思い出

「双子の家」の外壁。2階部分はシラスそとん壁、1階部分は板張り。隣に建っている納屋と、ともに歳を重ねていけるようにと考えた（双子の家）。

してみたのです。窓や雨戸の戸袋などはすべて木でできていて、外壁も木と土の壁でした。

木や土だからといってすぐに傷むわけではありません。実際にその家も足場をかけて塗装をやり直した記憶はありません（もちろん屋根を大きくかけて水に濡れないようにすることが条件）。

迷ったけれどもシンプルに、木と土で外壁を仕上げたいと思いました。時間とともに味わいが増していくような、そんな家にしたかったのです。木は防虫効果の高いベイスギです。

土は施工性の良いシラスそとん壁（火山灰）に決めました。

建物は街並みの一部になります。自分の家のことだけでなく、何十年も先の街並みまで考えておきたい。タイル調のプリントが施されたセメント板の外壁（サイディング）などが、何十年も先に日本の美しい街並みをつくるとは到底考えられませんよね。

「長持ちする外壁に」

というリクエストをよくいただきます。

どんな素材を選んでも、何十年も変わらない素材というものはなかなかありませんので、

1. 経年変化により劣化し、だんだん見苦しくなってしまうもの

2. 経年変化により味わいが増し、魅力が上がっていくもの

このふたつの視点で考えたときに答えが見えてくると思います。

私は2のほうを選択したいと常々考えています。

さらに外壁や屋根は家の印象を左右するとともに、強い日差しや雨風から家を守ってくれる、機能的にも大事な部分です。選ぶときのポイントには、次の3つがあります。

・耐久性に優れていること

・メンテナンスしやすいこと

・経年変化に耐えうること

メンテナンスのしやすさは耐久性を維持するために大切なことです。とはいえ、屋根や外壁のメンテナンスは必ず足場をつくる必要があるので頻繁にはできません。そこで汚れが目立ちにくいなど、経年変化によって見た目が極端に劣化しないことも重要です。

▼外壁

大きく分けて張るものと塗るものがあります。張るタイプは、木材、サイディング（ボード状の外壁材）、金属板（ガルバリウム鋼板）。塗るタイプが、モルタル、漆喰《しっくい》、火山灰、土などです。レンガは、「積む」タイプですね。

耐久性に優れ、メンテナンスしやすいのは、ガルバリウム鋼板です。吸湿性があり、年月が経てば経つほど風合いが出てくるのは、漆喰、火山灰や土などの塗り壁、レンガです。

▼屋根

スレートと呼ばれる屋根特有の建材のほか、金属、瓦の3種類が主流です。屋根の傾斜角度や形状によって、使える建材に制限があります。

・スレート

セメントを板状に薄く加工した化粧スレートと、天然石を使用した天然スレートがあります。化粧スレートは一般に軽量で安価ですが、定期的なメンテナンスが必要です。目安は、ふき替えが30年に一度、塗装が10年に一度です。また衝撃が加わると割れやすいというデメリットがあります。

・金属

銅やアルミ合金、ステンレス、チタンなどがあります。最近では比較的安価で性能がよいガルバリウム鋼板が人気です。軽量で複雑な屋根の形状にも対応しやすく、耐火性があるのが特長です。

ただし熱を伝えやすいので、断熱材を考慮する必要があります。メンテナンスはふき替えが50年に一度、塗装は20年に一度が目安です。

「経年変化で味わい深くなる材料がいい」という建て主さんの要望で、ベイスギの板張りの外壁に。下地に不燃板を張って防火対策をしている（ぬけ道のある家）。

⬇

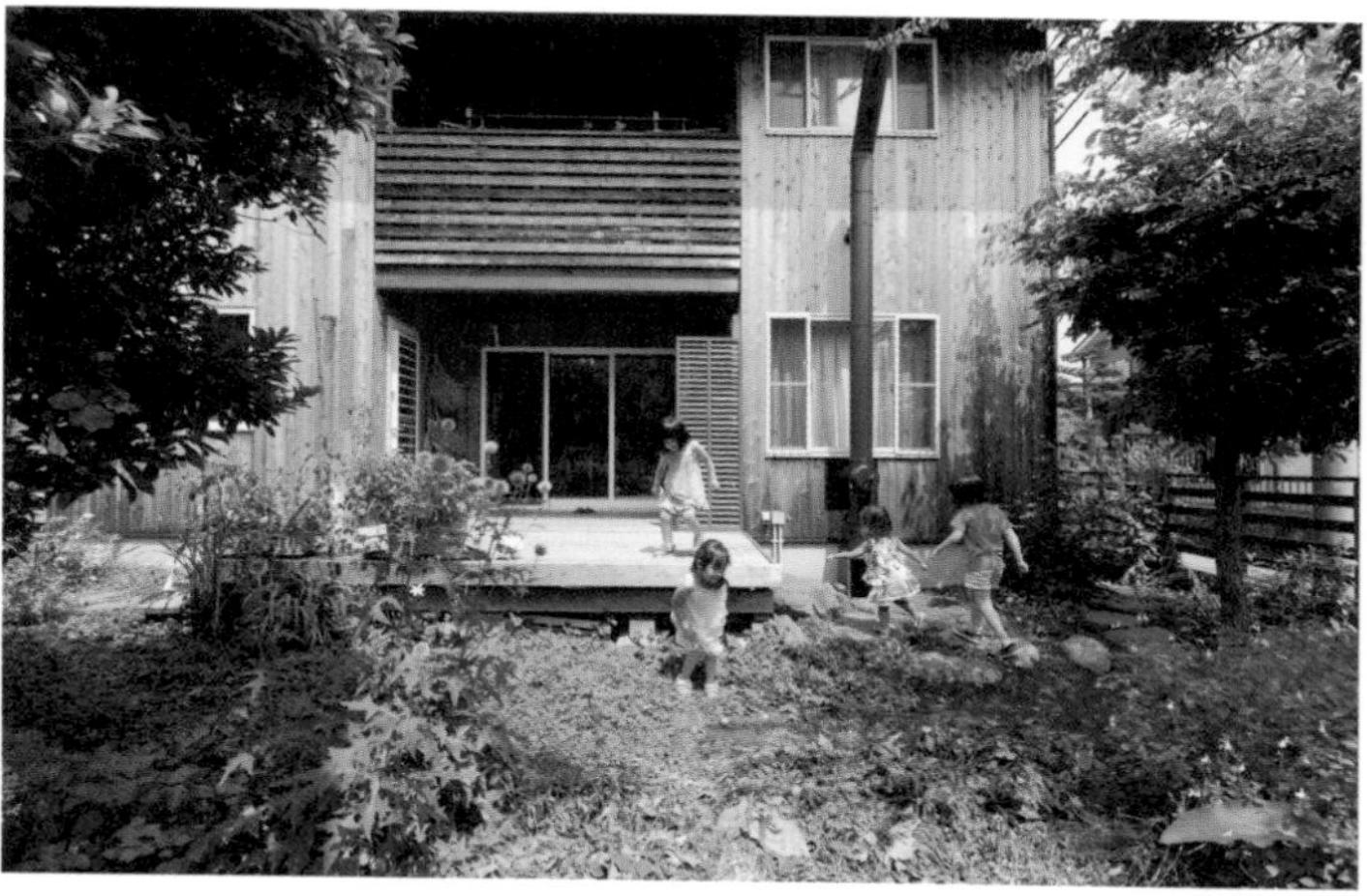

4年後。美しく味わい深い色味に変化している。

・瓦

耐火性や耐久性に優れています。塗装などのメンテナンスの手間がかからないことも大きなメリットです。

先日、高崎の瓦工場に見学に行きました。工場の屋根はふつう鉄板でふいてありますが、さすが瓦工場、瓦でふいてあります。下から見上げると外の光がもれているのに、雨は落ちてきません。工場の方も、とても涼しいとおっしゃっていて、瓦屋根の特性である通気性のよさがよくわかりました。吸湿性と断熱性に長け、夏涼しくありたい日本の気候に合っている。やはり昔から使われているものというのは、人々の知恵と工夫が詰まっているのだなあと実感しました。

開かれた家づくり

「内」と「外」の境界の意識

日本家屋には縁側という独特の空間があります。

本章の冒頭でも話しましたが、夏の直射日光を避けるために軒を深くし、その結果生まれた空間を利用したのが縁側です。母屋とひと続きでありながら、そのまま庭へとつながる空間。日本の家は、このように**「内」でも「外」でもない半屋外の曖昧な領域**を通して自然を部屋のなかに取り込んできました。

対してヨーロッパの街並みを思い返してみてください。建物の外壁がすぐ通りに面しています。建物を出たらすぐ外なんですね。外壁を隔てて「内」と「外」の境界線がはっきりしています。

しかし最近では、日本の家もずいぶん変わってきました。庭をなくしてコンクリートを打って駐車場にしたり、敷地にめいっぱい建物を建てたり、人を寄せつけない家が増えているように思います。けれど、大きな目で暮らしというものを見るとき、はたして屋外空間は必要のないものでしょうか。

突然ですが、スターバックスコーヒーの鎌倉御成町店には、とても人気の席があるのをご存じですか？　この店はもともと「フクちゃん」で有名な漫画家、横山隆一氏の邸宅跡を生かして建てられた建物です。深い軒の下は縁側になっていて、横山氏が気に入っていた桜の木や藤棚、プールなどの庭がそのまま残されています。

そして人気なのが、この庭をのぞむテラス席。縁側のような軒下空間にみんな座りたくて、席が空くのを待っているんですね。この場所を見たとき、やっぱり日本人はこうした半屋外の曖昧な空間を心地よく感じるんだなと思いました。

家というのは、壁に囲まれた閉じられた屋内空間だけを指すものではありません。外部空間や半外部空間を通じて、どう街や自然とつながるのか。家は個人的な空間でもあり、街の一部でもあります。そこも含めて、住まいというものの心地よさを考えていきたいと思っています。

スターバックスコーヒー鎌倉御成町店の軒下。写真提供：縁側なびhttp://engawanavi.com/

外部空間のとらえ方

私は間取りを考えるとき、いっしょに外部空間も考えます。というよりむしろ、外から先に考えるといったほうがいいかもしれません。外部空間との関わりによって、その後の住み心地に大きな違いが出てくるからです。

たとえば、南側の道路に面した敷地があるとします。そのとき、おそらく多くの方がいちばんいい東南の角にめいっぱい、リビングやダイニングをもってこようと考えるのではないでしょうか。けれど、そのいちばんいい場所を空けておこうという考え方もあります。

そして、空いた空間に落葉樹を植えてみるこ

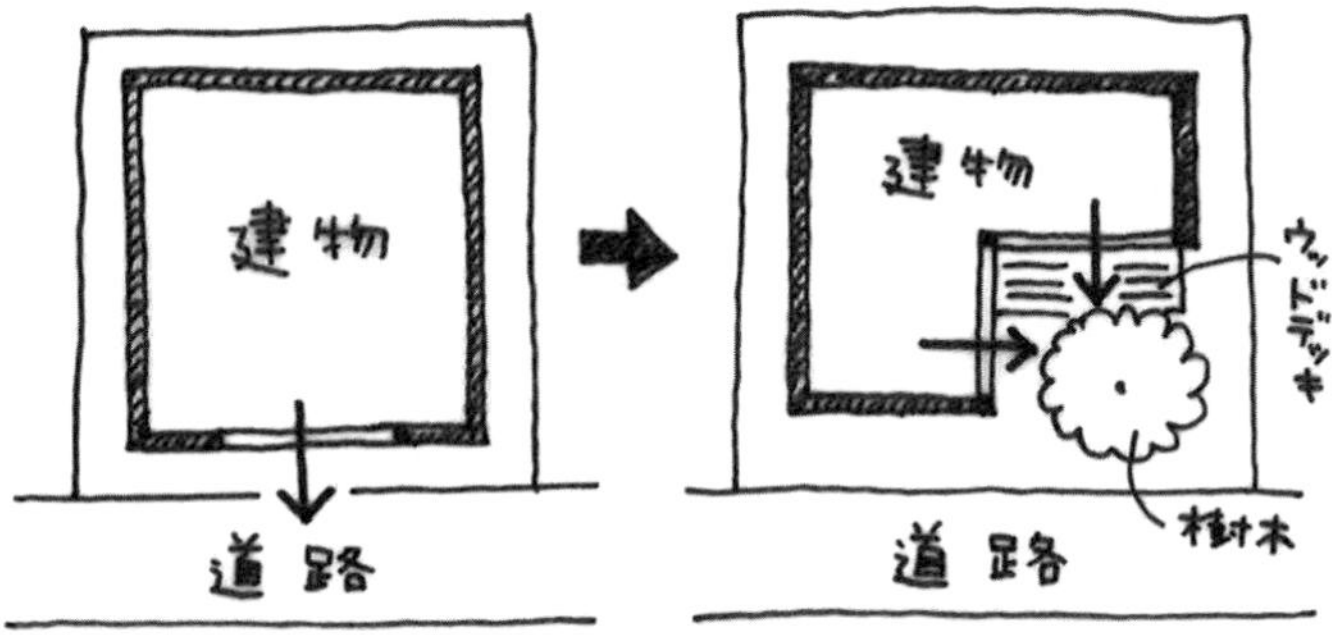

とにしましょう（イラスト右）。
そうすると、夏場は葉が生い茂って、強い日差しを遮ってくれます。冬になると葉が落ちて、暖かい日差しがたっぷり入ってきます。いずれにしても通りからワンクッションあるので、窓を全開にできますね。明るく、外の景色と一体になった空間は、おそらく実際の面積よりも広く感じるはずです。
一方、通りのギリギリまでリビングやダイニングをもってきた場合はどうでしょうか（イラスト左）。窓を開けても見えるのは、道路だけ。人の視線も気になるため、カーテンを閉めている時間がどんどん多くなっていきます。そして、いつのまにかカーテンは閉めきったまま。せっかく気持ちいい場所になるはずだったのに、なんとなく窮屈に感じてしまうでしょう。

このように家のなかばかりを優先的に考えてしまうと、建物はどんどん大きくなっていきます。外はあとから考えればいいやと思っていると、最終的に外部の空間はほとんど残らないでしょう。

外部空間のとらえ方は、建て主さんに説明するときにいつも苦労するところです。「もうちょっと部屋を広くできませんか」という要望はとても多いんです。居住空間でないところは「もったいない」という考えがどこかにあるのかもしれません。でも、部屋をギリギリまで広くした結果、かえって失ってしまう快適さがあります。そのことを頭に入れて、外部空間を家の続きとしてとらえてみましょう。

木や草花を植える

以前建てたお宅で、道路の塀を10センチほど内側に下げさせてもらったことがあります。その10センチの部分に、草花を植えてみてはどうかとご提案したのです。土の部分をたった10センチ残すだけでも、草花を育てることはできます。

リビングが道路に近接していたため、アオダモの樹を植えた。道路とのあいだにワンクッション置く役割をはたすとともに、夏は生い茂った緑が日差しを遮り、冬は葉が落ちたあと枝のあいだから暖かな光が差し込む（清水公園の家）。

ふつうは道路との境界線ギリギリに塀を建てます。みなさん、たいてい「敷地が減ってもったいない」「雑草が生えてきたら困る」なんて思うんです。でもその建て主さんは、「塀を少し内側に下げてみませんか」という私の提案に対して、「それ、いいですね」と理解を示してくださいました。

先日、1年点検でお宅に伺ったら、10センチの隙間に緑が連なって、小さな花をつけていました。「近所のみなさんが、きれいだねとほめてくれるんですよ」と建て主さん。「塀を下げてよかった」と何度もおっしゃってくださったので、私もうれしくなりました。

植栽や草花は、四季を身近に感じさせてくれます。

道路から塀を10センチ下げたことで小さな花壇が生まれた。ささやかな草花だが、道行く人が立ち止まる憩いの空間に（浦和の家）。

道路とリビングのあいだにシンボルツリーを植えた。種類は、6月に小さな実をつけるジューンベリーの木。道を通るご近所さんから、「何の木?」とよくたずねられるそう（本棚のある家）。

木があれば、鳥もやって来るし、蝶々も飛んできます。虫がついてしまうこともあるかもしれませんが、それだって自然なことです。新芽が出てきて、花が咲いて、実もなるかもしれません。そうした変化のたび、「花が咲いたよ」「去年よりも大きな実ができたね」なんて、家族のあいだにちょっとした話題を提供してくれるでしょう。

私は、いつも玄関付近にその家のシンボルとなる木を植えることをおすすめしています。七五三や入学式、卒業式。前述した通り日本では、節目のときに玄関で家族写真を撮ることが多いんですね。そこに何もなくて建物だけが写っているのと、シンボルツリーがあるのとでは、ずいぶん印象が変わるでしょう。また、お子さんがいれば子どもの成長に合わせていっしょに育っていく木の姿を見るのも楽しいものです。

植物があるとご近所さんとの話の糸口にもなります。実際に植えてみるとわかると思いますが、木々や草花に関心を示す人は思った以上に多いんです。

広い庭を手に入れるのは都心であればあるほど、難しいでしょう。駐車場をつくろうと思ったら、ほとんど外の敷地は残らないかもしれません。それでも木を1本も植えられないということはないと思います。

敷地をすべてコンクリートで覆ってしまうのではなく、ちょっとだけ緑を植える余地を残す。そうしてみんなの家が少しずつ緑を取り入れていったら、素敵な街になると思いませんか。

植栽の選び方

雑誌などではよく、四方を建物に囲まれた中庭のある家を見かけます。四角や丸に切り取った地面に、木が1本もしくは数本植えられているような小さな庭です。プライバシーを気にせず、ガラス張りの窓からいつも緑がのぞめるというコンセプトに憧れる人も多いようですが、1年もしないうちに木が枯れてしまったという話をたまに聞きます。風も入らないし、水はけも悪いので、木にとっては過酷な環境のようです。

植栽のポイントは、**植える場所の環境に合った植物を選ぶ**ことです。

基本的に庭木に用いられる木の多くは、風通しや日当たりがよく、水はけのよい土地を好みます。でも、なかには日陰でも育つ耐陰性の木もあります。また交通量の多い道路に面しているところなら、公害に強い木を選ぶことも大事でしょう。

また、成長が早い木は、枝や葉が隣地まで伸びて、ご近所とトラブルになることがあります。落ち葉が多い木も同様です。自分がどの程度、手入れできるかも前もって考えましょう。こまめに剪定できないという人は、成長が遅く、大きく枝を広げずまとまってくれる株立ち状の木がおすすめです。

落ち葉や剪定の手間はかかりますが、落葉樹のよさを実感されている建て主さんも多くいらっしゃいます。季節の変化を感じたり、夏は日を遮り冬は葉が落ちることで家に光が入りやすくなります。

私の家の庭には古くからあるモチの木があります。祖父母が結婚の記念に植えたもので、植木屋だった父が大切に手入れしてきた木です。祖父母も父も他界してしまいましたが、モチの木は元気に成長を続けています。

植栽を考えるときに、木は家よりも（ときには自分よりも）寿命が長い、ということを、ちょっと心に留めておいてください。

防犯性の高い家とは

私が周囲に開かれた家がいいと思う理由のひとつに、防犯性があります。防犯対策というとセンサーライトをつける、シャッターを設置する、セキュリティー会社に入るといったテクニック的なことを思い浮かべるでしょう。

暗い家は狙われやすいので、灯りは防犯に効きます。夜寝るときに玄関の灯りを消して寝るという人がいますが、寝静まったときこそ常夜灯を点けておいてほしいと思います。

シャッターなどは開けようと思えば簡単に開けられます。たとえセキュリティーシステムに入っていても、警備員が到着するまでに時間がかかります。セキュリティー会社のステッカーを貼っていると、盗られたくないものがあるとみなされて、逆に狙われやすいという話もあります。ですから、大切なのは**最初から泥棒が近づこうと思わないつくり**。そのために有効なのが、開かれた家なのです。

以前、私は市役所の防犯課に勤めていた方の家を設計したことがあります。建て主さんに防犯について教えていただきながら家をつくっていきました。そのお宅はとてもオープンです。低い塀や木々があるので、丸見えではないのですが、見ようと思えば道路から部屋のなかが見えます。

建て主さんいわく、**人の気配がする家は狙われにくい**ということ。逆に外からなかの様子が見えない家は、泥棒にとって狙いやすいのです。高い塀や壁に囲まれた家は、いったん塀を越えてなかに入ってしまえば、泥棒にとってじつに仕事しやすい環境です。ガードの堅い家というのは、かえって泥棒に格好の隠れ場所を与えてしまうことがあるのです。

また、固く閉ざされた家は、近隣の人々も遠ざけがちです。孤立した家は、じつは泥棒にとって好都合な家でもあります。

泥棒がいちばん気にするのは周囲の目です。泥棒はたいてい事前に何度かリサーチをすると聞きます。そんなときにご近所と挨拶を交わすような関係が築けていると、泥棒の侵入を未然に防げる可能性が高いのではないでしょうか。

開かれた家ならば、自然にご近所さんと会話を交わす機会も増えるでしょう。そうした目に見えないネットワークが、あなたの家を守ってくれることにつながるのです。

長持ちする家

住む人が家の寿命を決める

これまでいろいろな角度から住み心地を考えてきましたが、本章の最後に「長持ちする家」という、家づくりにおける永遠のテーマについてあらためて考えてみましょう。

長持ちする家の定義には、まず地震や水害などの災害に強く、環境の変化にも耐えうる基本構造であることが挙げられます。また2章の最後でお話ししたように、建物自体が朽ちてしまうわけではなく、家族の変化に間取りが対応できずに建て替えることがあります。将来的なライフスタイルの変化に柔軟に対応できる、**可変性のある間取り**であるかということも重要でしょう。

それから、家自体の寿命よりも先に排水管など設備がダメになってしまう場合もあります。設備を取り替えるのに工事が大がかりで費用もかかるとなったら、「じゃあ建て替えるか」ということにもなりかねません。設備の交換やメンテナンスがしやすいシンプルなつくりになっていることも大切です。

そして最後、その家が長持ちするかどうかは、**住む人がその家のことをどう思っているかに尽きます**。これが実はいちばん大事なのです。

リフォーム物件を担当するとき、いつも実感します。古い家をリフォームして住み続けたいという人は、必ずその家に対して強い愛着を持っています。たとえば、「これは主人が一生懸命建てた家なので壊したくないんです」「思い入れがあるので、お金がかかっても直したいんです」というように。

結局のところ、愛着あっての「長持ちする家」なのです。

私の事務所の場合、耐震診断の相談に来られるのは、建売住宅を買われた方が圧倒的に多いのです。それは建つまでのプロセスを知らないために、その家に対していつも不安を抱えているからです。そして何か不具合があったら、すぐに「建て直したい」「引っ越したい」という発想になります。逆に注文住宅で建てた人は、自分の家に自信を持っているから、耐震診断の相談が少ないのです。

家族とああでもないこうでもないと話し合ったこと。自分なりにいろいろと建物を見たり、本を読んだりして決めたこと。信頼できる建築家と何度もやりとりしたこと。大工さんが一生懸命汗を流して作業してくれている姿を目にしたこと。一つひとつの出来事が、その家に対する自信と愛着を育んでくれるに違いありません。

そうして手入れしながら、長い年月をすごした家こそが、「長持ちする家」になるのだと思います。

column

6 大好きな建築家②

川口《かわぐち》 通正《みちまさ》さん

川口さんは、とにかく建て主さんを大切にされる建築家です。建て主さんを喜ばせたいと常に考えている。川口さんに依頼した建て主さんのあいだにも仲良しの輪が広まり、川口さんのいないところで建て主さん同士の飲み会が開かれているそうです。

ところで、建て主さんを喜ばせるってどういうことなのか。

川口さんから教えていただいた、住宅設計で大切なことをシンプルにまとめると、

・使いやすいこと
・丈夫なこと。美しいこと
・掃除がしやすいこと

それから建築家として、書物をたくさん読んで勉強することの大切さ、伝統を知ることの大切さを教えていただきました。

川口さんは、和菓子職人からスタートし、血のにじむような努力をされて独学で建築家

になった方です。私も川口さんのような建築家になりたいと思い、日々教えていただいたことを胸に仕事をしています。

たとえば、ポストを雨に濡らしたら絶対にダメだというのは、川口さんの教えです。

「友人からの手紙、年賀状、受験結果の通知書……人には大切に待っている手紙があるでしょ」

こんなふうに、住む人の気持ちをリアルに想像できる方なのです。

塀を10センチ下げるといいよ（285ページに詳説）とアドバイスしてくださったのも、実は川口さん。

職人さんを大切にする姿勢もとても尊敬しています。

10年前に「川口通正語録」という本を友人といっしょにつくりました。川口さんに教えていただいたことを、何かの形として残したくてひそかに制作したのです。

これは世界に3冊しかないたいへん貴重なもので、私の宝物です。

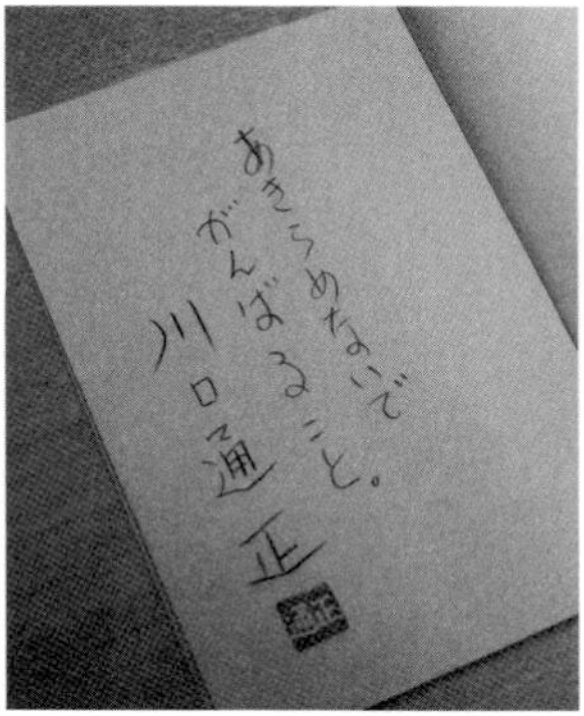

先日、川口さんが設計した「こだまの家」を見学させてもらいました。格子戸を開けると玄関までの道が〝くの字〟に折れ曲がる回廊になっています。なかに入ると密集地とはまったく感じない、広がりのある空間。住みやすさのための小さな工夫があらゆるところになされていて、ワクワクが止まりません。何より建て主さんが心から満足していることが伝わってきて、私までうれしくなりました。

第7章

工務店の選び方

工務店の仕事とは

実際に家をつくってくれる人

間取りから素材、設備に至るまですべてを決めて設計を終えたら、いよいよ工務店を決め、工事に入ります。

実際に手を動かし、家をつくってくれるのが職人さん。その職人さんを束ねてくれるのが工務店さんです。

私の知り合いで、建売住宅に住んで、すでに3回外壁の塗り替えをしたという人がいます。10年経つか経たないかで劣化が目立ってきて、そのたびに違う業者に頼んでいると言っていました。

建売住宅だと、施工を担当するのはほとんどの場合、ハウスメーカーの下請けの工務店さんです。ハウスメーカーを介しての付き合いになるので、その後も関係が続くとは限りません。それでメンテナンスの時期が来ると、たいていのお宅がチラシ広告で安くやってくれるところを探したり、売り込みに来たところに頼んだりすることになります。

ただ、そういう塗装業者さんは、往々にして頼まれたことしかしてくれません。たとえ気になったところがあったとしても、頼まれた仕事以外のことは目をつぶってしまいます。下手にアドバイスすると、余計な仕事が増えてしまうからです。

本来ならば、足場をかけておこなう外壁や屋根のメンテナンスは、大がかりな点検をする絶好のチャンス。施工に携わった工務店さんなら、家のこともよくわかっています。自分が建てたという責任もあります。よっぽど無責任でない限り、不具合がないか家全体を点検して、きちんとフォローしてくれるでしょう。その後の家の維持に、工務店さんの存在は大きく関わってくるのです。

建て主さんが自分で一から工務店を探すのは大変なことで、見当がつかないという場合も多い。建築家からこれまで付き合いのあるなかで、おすすめできる工務店さんを紹介してもらうというのが、いちばんいいと思います。

ただ、紹介されたところになんとなく頼むというのではなく、**「この人たちに建てても**

らおう」と主体的な意思を持つことが大切です。その意識がゆくゆく、工務店さんとのお付き合いに影響してくると思います。

現場監督さんは工事の要《かなめ》

工務店の仕事とはどのようなものでしょうか。

その前にまず、工務店について少し説明を加えておきましょう。前にも述べたように、工務店にはいくつか種類があります。工務店はもともと、木造住宅を主体にした小規模建築業者であることが多く、現状では、ハウスメーカーと同じ機能を持った大手工務店から、大工さんが社長を兼ねている小規模な工務店までいろいろなタイプがあります。設計士がいるところから、職人のうち大工さんのみを社員として抱えているところ、専属の外部の職人さんといっしょに仕事をするところなど、構成もさまざまです。

工務店の仕事は、職人さんたち専門工事業者を束ね、工事全体を管理することです。実際には、現場監督と呼ばれる担当者が現場の総責任者となり、指揮します。現場監督の仕事は、非常に多岐にわたります。

・**工程管理**……工事を受けたら、予算やスケジュールを組んで専門工事業者に依頼するとともに、資材の発注もおこないます。現場では具体的な指示を出しつつ、作業の段取りを組み、スケジュールを管理します。トラブルや変更が起きたときの調整役も担います。

・**安全管理**……職人さんが安全で仕事しやすい環境をつくるのも現場監督の役目です。近隣住民や通行車両の対応にもあたります。

・**品質管理**……工事が計画通りにきちんとおこなわれているか確認します。また、資材のチェック、管理も担当します。

こうした現場監督のもと、さまざまな職人さんたちが作業をします。木造住宅の場合、中心になるのは大工さんですが、板金屋さん、塗装屋さん、建具や内装、左官などの仕上げを請け負う職人さんなど、多くの職人さんたちとコミュニケーションをとりながら、連携プレーによって一軒の家をつくりあげていくのです。

工事見積もりについて

見積もりを頼む前に考えたいこと

工務店さんに正式に頼む前に工事の見積もりを出してもらいます。家づくりの本を見ると、よく「工事の見積もりは2〜3社に出してもらいましょう」といった記述を見つけます。数社に競争させて、コストをできるだけ抑えようというんですね。工事金額は莫大になりますから、それもひとつの考え方だとは思いますが、私はあまり**相見積もりをおすすめしていません。**

なぜなら、家は職人さんたちが時間と腕をかけてつくりあげるものだからです。

相見積もりを出すということは、最初から「金額が安ければ頼んであげるよ」と宣言しているようなものです。「おたくは腕がよさそうだから、お願いできますか？」と頼んでいるのとでは、頼み方が全然違います。

自分に置き換えてみてください。自分がものをつくる人間だとして、「これ、安くできるならつくって」と言われるのと、「予算はないんだけれどあなたに頼みたいんです」とお願いされるのと、どちらが気持ちをこめて仕事ができるでしょうか。断然、後者ですよね。注文住宅を建てる場合、工務店さんとの付き合いの入口が「安さ」だと、必ずしもいい結果を生まないというのが私の経験則です。

だから相見積もりを取りたいという建て主さんがいる場合、私はいつも「どうやったら気持ちよくつくってもらえるかが大切です」とお話しするようにしています。工務店さんとの付き合いは家が完成したら終わりではなく、その後何十年と続いていくわけですから。

それに見積もりを3社に依頼して検討する時間があるなら、1社に依頼して、そのぶん時間をかけてじっくりコストダウンの方法を相談したほうがいいと思います。なんとかしてでもあなたの会社に頼みたいという熱意が伝われば、工務店さんも「しようがないな、じゃあひと肌脱ぐか」という気になるでしょう。

私の場合、知らない地域で仕事を頼まなければいけないときは、事前に何軒か工務店さんを訪問して相談させてもらったり、仕事ぶりを見させてもらったりしています。そうすると、工務店さんがふだんどういう仕事をしていて、どういう考え方で住宅をつくっているかを知ることができます。

ただやみくもに値段だけ出してもらうのではなく、**だれに頼むのがもっともいい結果になるか**を考えて、情報を集める。見積もりを依頼する前に、やるべきことがあるというのが私の考えです。

見積もりの確認作業

では見積もりがどんなふうになっているかをちょっと見てみましょう。実際には、建築家といっしょに相談しながら見ていきますので、この時点ではどのような書類なのかを把握しておきましょう。

工事見積書には、工事費用のほか、工事期間や支払い条件などが明記されています。それに工事費用の詳細を記した内訳書がつきます。

見積書に定型はありませんが、だいたいは仮設工事、土工・基礎工事、木工事、屋根工事、外装工事といったように工事別に分かれて、各工事の科目や仕様、数量、単価、金額

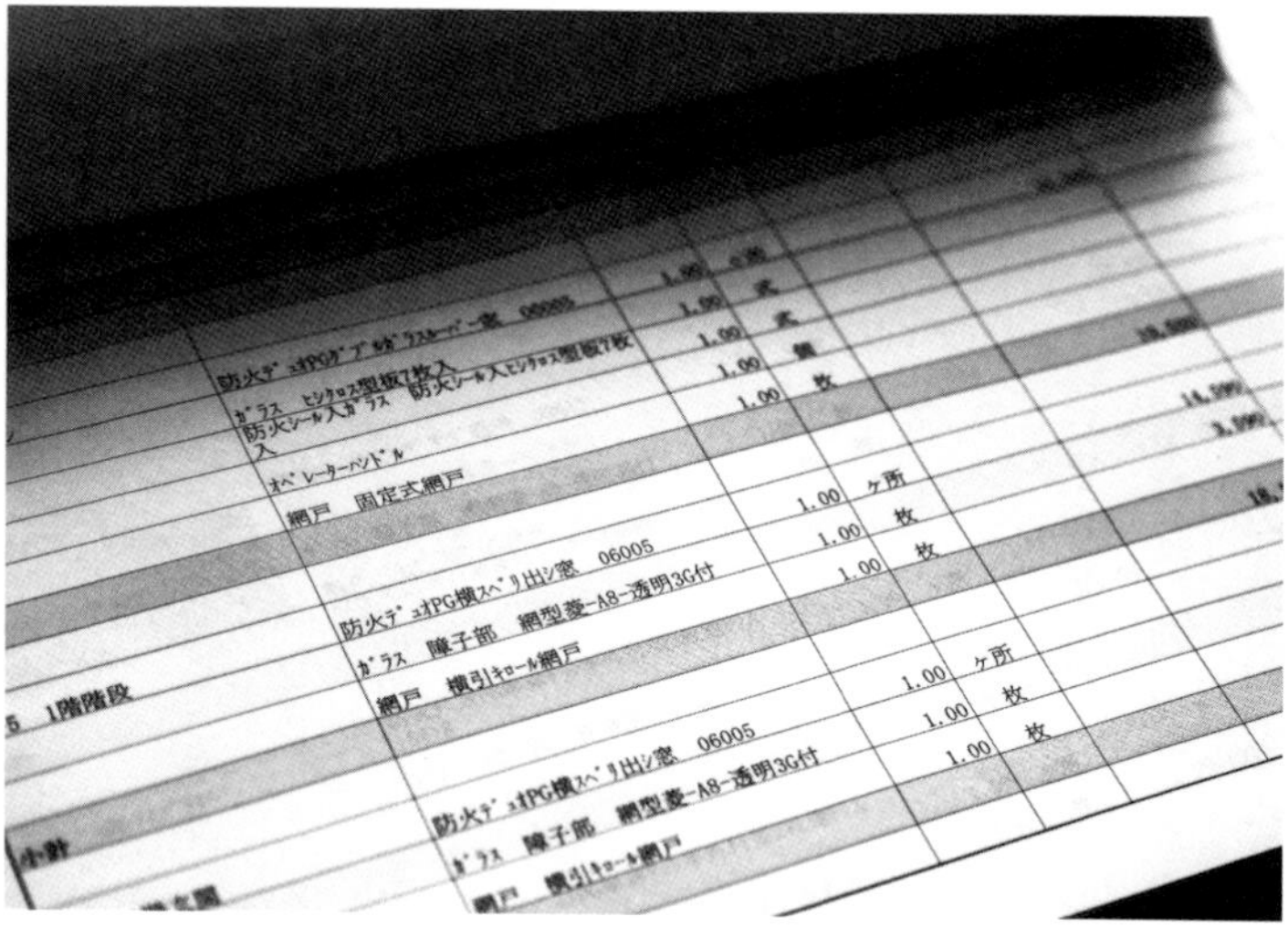

といった明細が書かれています。金物ひとつ300円から、キッチン一式150万円まで、1軒の家を建てるのに必要な費用がすべて記されています。

ときどき、「○○一式」という表記で明細が書かれていない項目が出てくる場合もあります。「一式」とは、かかる費用をひとまとめにしたという意味です。「一式」という表記があると要注意だと本などにはよく書かれていますが、必ずしもそうとは限りません。こまかく分類するのが難しい項目や、ごく少量の単位にも使われます。最近ではきちんと明細を出す工務店さんが多くなっていますので、あまり神経質になる必要はないでしょう。

ただし、「一式」と書かれた項目がたくさん

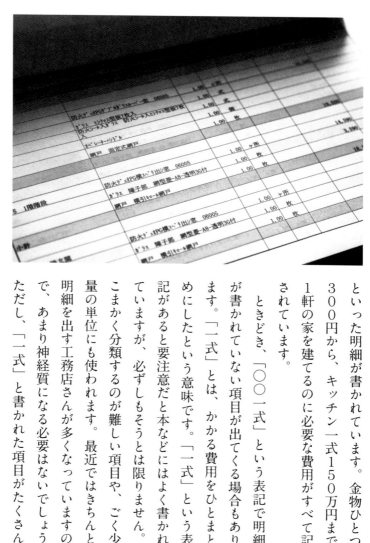

ありすぎるのも問題です。疑問を感じたら、詳細を出してもらうようにお願いしてみてください。

見積書が出てきたら、見る前に深呼吸して冷静になってください。

人生ではじめてこんなに高い金額を見るという人も多いので、驚かないように心の準備を。まずは合計金額などが書かれた表紙を確認し、細部を順に確かめていきます。予算オーバーとなったら（たいていはオーバーします）、そこから建築家との相談です。

コストを下げるポイント

さて、見積書をにらみながら、どこを削ってどこを残すかを考えていきます。

ここで優先順位を書き込んだ「家ノート」（58ページ）を引っぱり出してください。

コストをおさえるつくり方を考えたり、設備類などオーバースペックになっていないか再検討するなど詳細を詰めていくとき、最初の段階の優先順位が明記された「家ノート」や「住宅調書」（巻末付録）の出番がやってきます。

自分たちが絶対にかなえたいと思うこと、優先順位が高いものが何であったのか思い返してみるのです。優先順位が高いことはお金がかかっても思いきってかなえたほうがいい。しかし、優先順位が中位~下位のもの（設計を進めるうちにいつのまにか雪だるま式に膨れたものだったりする）は、**ばっさり切り捨てる覚悟**を持ってください。中途半端に残すのではなく、**きっぱりやめる**のです。

「やりたいことは完璧に実現した。やらなくてもいいことはやめた」

という状態に予算調整すれば、絶対に不満は残りません。あとになってみれば、あきらめたことがあったことすら忘れてしまう方がほとんどです。

私も見積もりを検討するとき、必ず「住宅調書」を見直すようにしています。そこに、必ず答えが書いてあるのです。

一方で、すべての項目を平均的に削るやり方は後悔が残ります。「中の上」だったグレードを全面的に「中の下」に落とすのは、いちばん簡単なコスト調整ですが、満足感につながりません。

絶対やりたいことは妥協せずに実現する。優先順位の低いことはきっぱりやめる。見積もり調整のとき、忘れないでいただきたいポイントです。

値段よりも大事なこと

工務店を選ぶポイント

私が工務店さんを選ぶときに確認していることは次の3点です。

1. 後継者がいるか

後継者問題はどこの業界にも共通していると思いますが、職人の高齢化や若手の後継者不足の問題は建築業界では特に深刻です。ハウスメーカーでもマンション業者でも同様に後継者問題を抱えています。

建てたあと、やはり施工に携わった工務店さんにメンテナンスをお願いしたほうがいいので、後継者がいるかは確認しておいたほうがいいでしょう。

このようなお話をすると、「やっぱり大手のハウスメーカーは安心」と考える方がいますが、それは違います。営業担当者は転勤で部署を移動するものですし、施工はたいてい下請けの業者がおこないます。アフターフォローの丁寧さは担当者に左右されますので、必ずしも大手が安心とはいえないのではないでしょうか。

2．どんな住宅を得意としているか

工務店さんにも得意、不得意はあります。和室がひとつもないようなモダンな家を、純和風建築ばかり手がけているところに頼むのも酷な話です。木造住宅をメインの仕事としている工務店に、コンクリート造の住宅を依頼するのもよく考える必要があります。本領が発揮できるように、建てる家に合った工務店さんを選ぶようにしましょう。

3．つくるのが好きな人たちが集まっているか

大工さんや現場監督さんをはじめ現場に関わる人たちが、ものづくりを好きかどうかは大切なポイントです。つくるのが好きな人が大工さんになると思ったら、いまは意外とそうでもないんです。残念ながらつくるのが面倒という人もけっこういます。

新建材に慣れている工務店さんだと、「無垢の板を張ってください」と言うだけで「反《そ》るからやめたほうがいいよ」とか「高いからほかのにしたら」と即答されることがあります。

また、つくりつけの棚が書かれている図面を見て、「カタログの品番を教えてください」「これはどこのメーカーですか」と聞かれることもあります。そこで私が「これ、つくってほしいんです」と言うと、びっくりする工務店さんや大工さんがいます。「買ったほうが安いよ」なんて、つくるのを嫌がる人もいます。頼めば工場から送られてくることにすっかり慣れてしまっているのです。

設計も同じです。キッチンも洗面台もドアも、図面を書かなくてもカタログで品番を選ぶ作業が増えているのは事実です。

つくるのが面倒な職人さんに無理を言ってつくってもらっても、いい結果にはならないでしょう。反対に、つくるのが好きな職人さんだと「こうしたほうがもっとよくなるよ」などと提案してくれます。工務店さんによっては、「ここはこの家の見せ場だから、既製品なんて使ったらおかしいでしょ」と、自ら難しい工事を進んで提案してくれるときもあります。そのどちらがいいものになるかは、明らかですよね。

自分の家をどんな人たちにつくってもらったのか。そのことは、ほんの少しの値段の差よりもずっと大事なことだと思います。

やっぱり「人柄」が大切

いい工務店さんかどうかを見極めるのは、建て主さんにとっては容易ではないかもしれません。かといって、何もできないというわけでもありません。

たとえばオープンハウスに行ったとき、間取りや設備ばかり注目するのではなく、床や天井や建具まわりのつくり、目立ちにくいトイレや押し入れのなかなどもじっくり見てください。つくりや仕事ぶりを気に入って「うちもこんなふうにしたいな」と思ったら、どこの工務店さんに頼んだのか聞いてみましょう。

本当は完成した直後より、数年経ったお宅を見せてもらうのがいちばんです。きれいに維持されているなら、定期的に点検やメンテナンスが入っている証拠。建て主さん、建築家、工務店さんの連係プレーがうまくいっていることがわかります。

また、建築家が挙げてくれた候補の工務店さんを訪ねてみるのもいいですね。どんなふうに家づくりをしているのかを工務店さんから直接見聞きできれば、納得して依頼できるでしょう。これは建築家を選んだときといっしょで、「人柄が大事」です。

それから実際の工事現場を見せてもらうのもひとつの手です。丁寧な工事をする工務店さんや大工さんがいる現場は、たいていきれいに掃除され、整理整頓されています。逆に乱雑な現場だったら、その工務店さんは要注意かもしれません。

そうしてこれぞという人たちに工事をお願いしたら、ときどき現場に足を運ぶようにしましょう。1回も現場に見に来ない建て主さんと、何回も顔を出す建て主さんとでは、やっぱり現場の職人さんたちの力の入れ具合が変わります。住む人の顔が浮かぶようになれば、よりいいものをつくってあげたいと思うものなのです。

結局のところ、工務店さんとも人間対人間のお付き合いです。どんなチームを結成するのかも含めて、家づくりのプロセスをぜひ楽しんでください。

column 7 大好きな建築家③

山本 成一郎さん

山本さんは、日本の古い建築にとても詳しい建築家です。山本さんほど詳しい方に出会ったことはありません（まだ50代なのに！）。

たとえばいっしょに見学に行った鎌倉の円覚寺・舎利殿（国宝）。こういった建築について、私なんて日本人でありながら（しかも建築の専門家でありながら）きちんと説明することができません。でも山本さんは違います。年代によるデザインの違いはもちろんのこと、つくり方の違い、材料の違い、大工さんの技術の違いまで詳細に説明することができます。

山本さんは飛鳥時代の建築を、復元して設計するなんてこともできてしまいます。本当にすごい。

山本さんの仕事で、熊本県にある鞠智城《きくちじょう》長者山展望広場休憩所があります。

約１３００年前に大和朝廷が築いた山城に、古代建築の意匠を取り入れながら現代に生きる人のための建築をつくりあげました。その建物はプロポーションが非常に美しく洗練されていて、あらためて山本さんへの尊敬の念を強めました。

現代の住宅にも古代のエッセンスは受け継がれていますが、日本の伝統技術を知り尽くしている人だからできる設計は、尊敬の言葉以外ありません。

私自身、もともと古い建築が好きでしたが、山本さんと出会ったことで大きな刺激をいただき、さらに勉強を重ねるようになりました。

田中　ナオミさん

女性建築家の田中さんには、「家は生活が主役」ということを教えていただきました。

家事動線を考え、ただ便利なだけでなく楽しく暮らせる家。小さな喜びを生活のなかで見つけられるような家。そんな住宅を数多く設計されています。

たとえば物干し場も、洗ったらすぐに干せて、雨の日でも外に出したままにしておけて（これって、ちょっとした満足感でいっぱいになりますよね）、かつ、リビングからの視界に入らず来客からも見えない間取りの工夫がしてある‼　なんてことを徹底的にやっている人です。

本書で何度も紹介している住宅調書（巻末）を教えてくださったのも、田中さんです。

田中さんは、いつも本当に楽しそうに仕事をされています。建て主さんとのお付き合いも、きっとご近所の方々との「今日の夕食何つくる？」なんていうのと同じように、フランクに設計をおこなっているのでは（想像です）。

田中さんのブログをぜひ読んでみてください。絶対にファンになってしまいますよ。

第8章

お金のこと

資金の準備について

銀行に相談するタイミング

私は、お金の専門家ではないし、家づくりのお金については、住宅ローンだけで何冊も本が出ているくらい複雑です。ですので、この章では、建築家としての経験からアドバイスできる、お金まわりの話をしていきたいと思います。

打ち合わせの最初の時期に、「銀行にはまずは相談だけでも行ってくださいね。資金については、なるべく早めに動いてください」とお話ししています。

ほとんどの人がローンを組んで家を建てます。資金調達がうまくいかなければ、当然計画もがらりと変わってしまいます。

以前、こんなことがありました。その建て主さんとは3カ月ほどずっと打ち合わせをしてきて、基本設計も終了。実施設計に入る段階になって、予定の金額が用意できないことがわかって、結局家づくりは中止になってしまいました。非常に切ない話ですが、夢があっても、お金を貸してもらえなければ家は建ちません。

注文住宅は、よく資金繰りが面倒だといわれます。

建売住宅の場合、土地と建物を一括して購入するため、必要な資金を住宅ローンでまとめて借りることができます。一方、注文住宅の場合は、土地と建物で住宅ローンの融資が下りる時期が異なります。土地は売買契約が成立して決済がおこなわれるとき、建物は引き渡し時です。つまり、完成してからでないと建物の融資は受けられないのです。

しかし、建物が完成するまでには時間がかかります。そのため、設計料や工事費は分割して支払う決まりになっています。よって建物のローンが下りる前に、ある程度のまとまった資金が必要になります。

だからこそ、いつ、どのくらい資金が必要になるかを見極めて、つなぎ融資をしてくれる金融機関に相談に行くなど、早めにローンの準備をしておくことが大切だと思います。

専門家ぶってこんなアドバイスをしていますが、かくいう私も、自分が家を建てるときにとても苦い経験をしました。

革職人の双子の兄と二世帯住宅を建てようと計画して、図面もある程度できたころ、銀行に相談に行きました。親の代から付き合っている地元の銀行だし大丈夫だろう……なんて甘く考えていたら、しばらく連絡がありません。電話してみると、

「丹羽さんに貸せるお金は70万円くらいです」

はっきり言われてしまい、絶句……。家づくりが一度遠のいてしまいました。

結局は、住宅部分は自己資金、事務所部分は事業用ローンとして融資を受けましたが、ローン申請のやりとりで2年ほど家づくりが遅れてしまったのです。

支払い時期に注意！

では実際にどのタイミングで、どのような支払いが発生するのでしょうか。

注意したいのは、費用によって支払い先がそれぞれ異なる点です。主な支払いは、土地購入費（不動産会社）、設計料（設計事務所）、工事費（工務店）の3つです。それぞれ具体的に見ていきましょう。

▼**土地購入費　支払い先：不動産会社**

1．土地売買契約時……手付金、仲介手数料（50パーセント）

2．土地決済時……土地代から手付金を引いた残金、仲介手数料（50パーセント）、登記費用

売買契約を交わすときに手付金を支払います。金額に決まりはありませんが、一般に土地代金の5～10パーセントが目安です。決済時には不動産登記や住宅ローンを借りるための保証料や手数料、不動産会社に支払う仲介手数料などの諸費用が必要になります。

▼**設計料　支払い先：設計事務所**

1．設計契約時……設計料の20パーセント

2．基本設計完了時……30パーセント

3．実施設計完了時……30パーセント

4．引き渡し時……20パーセント

設計料の支払いは通常、3～5回程度に分割しておこないます。支払いの回数や割合は

設計事務所によって異なります。

前記は私の事務所の設定です。このほかに工事の中間時にもう1回支払いが発生するパターンや、設計契約時、実施設計完了時、引き渡し時という3分割のパターンもあります。

▼工事費　支払い先：工務店

1．工事請負契約時（着工時）……工事費の25パーセント
2．上棟時（構造部分ができあがった段階）……25パーセント
3．木工事完了（大工さんの仕事が終わったとき）……25パーセント
4．引き渡し時……25パーセント

契約時、上棟時、完成時という3回に分けるパターンも多いようです。なかには、契約時と着工時で分けて払うケースもあります。これは木造住宅の場合です。鉄骨造や鉄筋コンクリート造のときは、多少、支払い時期が異なりますので、ご確認ください。

設計料や工事費は、建て主さんの都合に応じて、時期や割合など多少相談に応じてくれるところもあります。どうしてもこの時期までにこの金額を用意するのが難しいといった

場合は、早めに相談してみましょう。

家づくりにかかるそのほかの費用

家づくりにかかる費用は、土地代、設計料、工事費だけではありません。そのほかにもいろいろと必要な費用があります。ついつい忘れがちな費用についてまとめてみました。

・地盤調査費用、地盤改良（補強）工事費用

地盤の強度を調べます。調査費用の目安は5万円程度。ですが、その結果によっては別途地盤補強工事費用が必要になる場合があります。一般的な木造住宅の場合、50万～150万円前後かかります。

・地鎮祭・上棟式の費用

地鎮祭とは、工事を始める前に土地の神を祀り、工事の無事を祈る儀式です。費用は地域によっても異なりますが、神主さんへの玉串料、別途お供えもの代などを含め、5万円程度です。

上棟式は、柱、梁などの骨組みが完成し、棟木を上げるにあたって大工の棟梁などが神を祀り、新しくできる家の安全を祈る儀式です。職人さんたちへのご祝儀や宴席（直会）の費用がかかります。金額は、規模ややり方によって異なりますが、10万～15万円ほど。最近はこうした儀礼を簡略化したり、省略したりする人も増えていますが、これから始まる工事に関わる大工さんや職人さんたちと会えるまたとない機会です。私はどのような形であれ、おこなったほうがいいとおすすめしています。職人さんたちは、いい仕事をすることでお返ししてくれるはずです。

・建築申請費用

建物を建てるには、「建築確認」を役所に提出し、建築基準法や条例などが守られているか審査を受けます。審査機関に支払う手数料（建築確認申請手数料、中間検査手数料、完了検査手数料）は床面積や建物の構造によっても異なりますが、一般的な2階建て住宅の場合、5万円前後です。そのほか、助成金の申請、開発許可申請、長期優良住宅の申請、構造計算のある物件など、特別な申請をする場合は、別途費用が必要になります。

・登記費用

土地の登記（土地の所有権移転登記）、建物の登記（建物の表題登記、建物の所有権保存登記）、ローンを組むための抵当権設定登記などが必要です。登録免許税のほか、司法書士などに頼んだ場合はその報酬がかかります。

・保険料

金融機関の多くが、住宅ローンの融資に火災保険の加入を義務づけています。ただし、必ずしも銀行がすすめる保険に入る必要はありません。補償内容や期間、保険料は、保険会社によって異なります。

これ以外に、完成後にかかる税金もありますので、予算のなかに入れ込んで考えなければいけません。

予算の考え方

建物の値段のガイドライン

国土交通省の調べによると、注文住宅の購入資金は平均5112万円となっています。そのうち自己資本率の占める割合は23・5パーセントで1203万円。みなさん、けっこう堅実だと思います。ちなみにローンの年間返済額は139・4万円で、年収に占める返済負担率は18・1パーセントとなっています（「令和3年度住宅市場動向調査」より）。

ただ、5112万円という数字は土地も含めた額なので、地域によっても開きがあるでしょう。土地代はその地域の相場で考えるとして、建物にはいったいどのくらいの予算が必要でしょうか。

たとえば延床面積が30坪、木造2階建てで床は無垢の木、壁は漆喰を使い自然素材を用いた家を建てるには、ざっくりいって、3000万〜4000万円くらいが相場だと思います。1000万円とはずいぶん開きがあると感じたかもしれません。プラスαの設備がたくさん入っていたり、工事の難易度が高かったり、庭が広く外構工事が多かったり（外

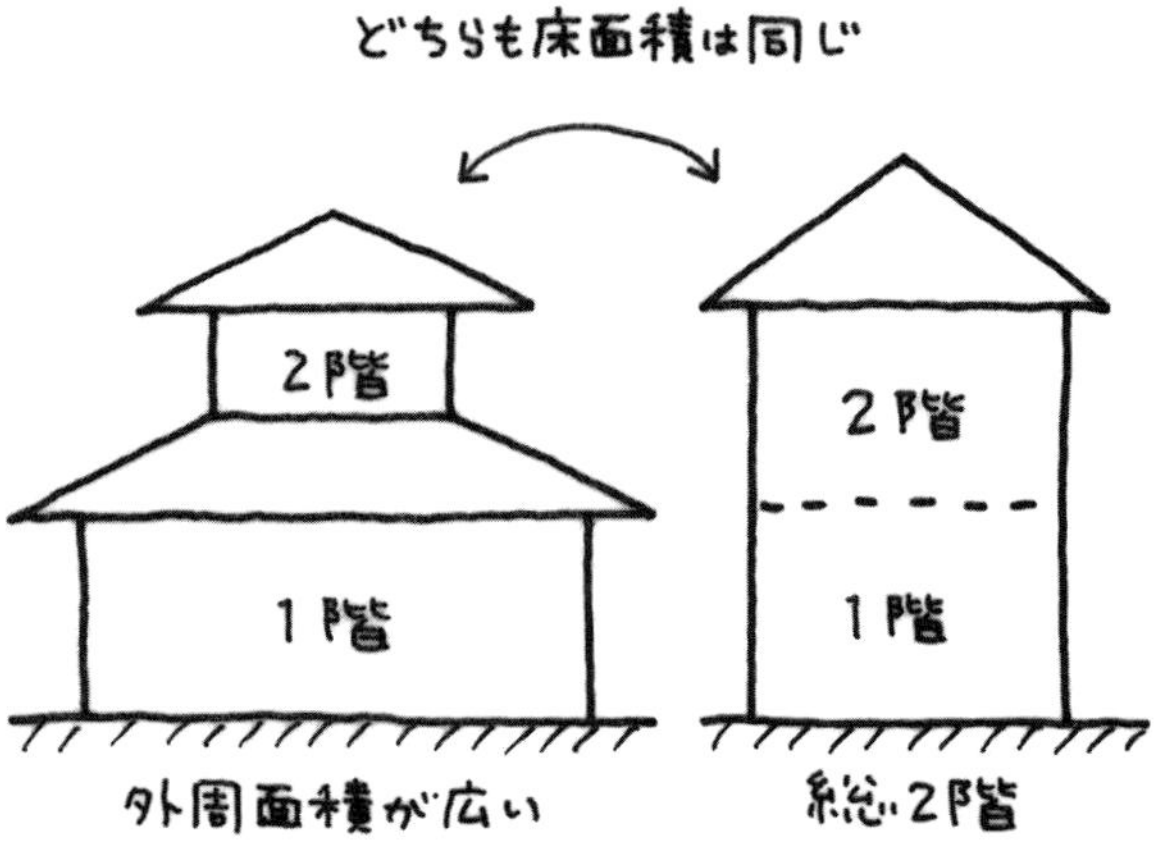

構でかなり変わります！）すると、このぐらいの差になります。

なぜか「木造住宅は、坪単価60万円くらい」と思っている方が多いのですが、ここ数年だけ見ても原材料の高騰、人手（職人）不足による人件費のアップなどで、建設費が1～3割ほどアップしています。

値段は家の形状によって、大きく変わります。同じ2階建てでも、1階も2階も同じ大きさでドンと建っている「総2階」と呼ばれる家と、ほとんど平屋で2階が少し乗っているという家とでは、ずいぶん金額が違ってくるのです。どんな屋根や外壁にするかによって幅は異なりますが、前者よりも後者のほうが確実に高くなります。

家というのは、基本的に外周面積が広くなればなるほどお金がかかります。お金がかかる場所というのは、基礎や屋根、外壁などの主要構造部です。外周面積が広くなると、それだけ主要構造部の比率が高くなるので、費用も上がるのです。

一方、総2階だと屋根や外壁部分が減り、外周面積が狭くなるので、費用がおさえられます。よく本などには「安く建てるために、できるだけ凸凹をなくして総2階にしましょう」と書いてありますす。たしかにそれはコストダウンのひとつの方法でしょう。

ただ、私としては総2階を推奨しているわけではありません。繰り返すように、軒の深い屋根や採光や風通しのための庇など、心地よく暮らせる家のほうがいいからです。総2階建ての家の場合、2階には屋根がつくけれど、1階部分に大きな庇をつけることは難しいのです。

建て主さんからよく提示される建物の予算額はいくらぐらいだと思いますか？

答えは3000万円です。延床面積などの条件が違うので一概にはいえませんが、得して相場よりも低い金額であることが多いのです。いまは建築資材や人件費が上がっている傾向にあるので、率直にいって3000万円というのはなかなか厳しい数字です。しかし、そこをなるべく予算内に収めるよう、奮闘するのが私の役目でもあります。

**100万円あれば
できること**

- キッチンをフルオーダーで製作する
- リビングの窓を木製サッシにする
- 薪ストーブを設置する
- 書庫をつくる
- 天窓つきのヒノキ風呂をつくる

あと100万円あればできること

予算については、打ち合わせの初期の段階でお聞きします。その金額を念頭に設計していくのですが、ただこの予算をどうとらえるかが悩みどころ。

最初の見積もりが出るとき、たいてい10〜20パーセントぐらいは予算オーバーします。夢がふくらむぶんだけ、どうしても金額もふくらんでしまうのです。

そこで恐縮しながら「ちょっと予算がオーバーしてしまったんですが」と見積もりを見せると、なかには「あ、それぐらいなら全然大丈夫ですよ」とあっさりおっしゃる建て主さんもいます。それも500万円くらいオーバーしても大丈夫という方もいて、かなり低めに見積もっていたんだなと思うことがあります。かといって、みなさんが低めに言うとは限らず、ご提示いただいた数字が準備できるギリギリの金額という方もいます。その見極めがなかなか難しいのです。

できれば「3000万~3200万円くらいです」といったように少し幅をもたせて伝えてもらえると、建築家としては助かります。それが仮に100万円の幅しかなくても、できることはずいぶん変わるからです。

100万円あれば、たとえば家中の壁をビニールクロスから漆喰にできます。もしかしたら、それでお釣りがくるかもしれません。

打ち合わせのとき、ほとんどの建て主さんが1回は「宝くじが当たれば、もっといい家が建てられるのに」とおっしゃるんですね。けれど、2億円なんてなくてもいいんです。あと100万円あれば、ずっといい家になります。

少なめに予算設定する気持ちはよくわかるのですが、具体的に「実現できること」を考えるとき、100万円の差はとても大きいことをぜひ知っておいてほしいと思います。

予算がない方へ

「理想の家に住むことをあきらめないでほしい」と、本書の「はじめに」に書きました。多くの人は、経済的な事情であきらめることがほとんどですが、潤沢な予算がない場合でも、いろいろな工夫ができます。土地をなるべく安く買うことの大切さは前述しましたが、建築家と相談することで、理想をあきらめない家づくりは可能だと思っています。

・小さな家をつくる

以前、ヒノキとタイルのお風呂、無垢の木の床、壁紙は和紙、すべての家具をつくりつけたとても上質な家を、2000万円以下でつくりました。金額だけでいったら非常にローコストです。そのわけは、面積が50平方メートルちょっとの小さな家だったからです。面積が広いと、何をするにもお金がかかりますが、小さな家にするだけで総工費はおさえられます。

・できるだけざっくりとした空間構成にする

たとえば、家全体を大きなワンルームにして、個室のない設計にすると、壁も建具も塗装も減り、そのぶんコストカットできます。部屋を仕切ったり建具を入れたりは、あとからでも可能なので、住みながらつくっていくと最初にかかる金額を低くできます。

・自分でできるところは自分で施工する

漆喰、ペンキなどを塗る、木のフェンスや枕木を敷いたりなどの外構工事を建て主さんみずからおこない、コストカットをはかる場合もあります。数十万～１００万円近く変わってきます。

予算がないことは、悪いことではありません。

ただし、「なぜ注文住宅を建てたいのか」「何を実現したくて建築家に頼むのか」を、ハッキリさせておくことが大切です。ただ単に「建売は嫌」「値段を安くしたい」というのではなく、「注文住宅でしかできないことを実現したい！」というあなたの熱意があってこそ、建築家も協力し、ローコストでも「あなただけの理想の家」ができるからです。

お金をかける優先順位

家のどこにお金をかけるべきか

限られた予算で、できるだけいい家を建てたい。それはみなさんが考えることだと思います。そのためには、お金をかけるべきところには惜しまずにきちんとお金をかけ、削るべきところは思いきって削ることが大切です。

みなさんの参考になるよう、お金をかけたほうがよい部分の優先順位をつけてみました。

1. 主要構造
2. 外壁、屋根
3. 窓、断熱材

4. 内装
5. 外部空間
6. 設備

基本的には、あとから手を加えるのが難しいところは優先順位が高めです。反対にあとで付け足したり、取り替えたりできるところは優先順位が低くなっています。

まず予算を削ってはいけないのが、基礎や柱などの主要構造部です。根本的なつくりの部分をしっかりしておかないと、家の安全性や耐久性を大きく損なってしまいます。

それから次が、耐久性が求められる外壁や屋根です。この部分で手を抜いてしまうと、すぐに傷みが出て、メンテナンス費用がたくさんかかることになります。たとえば屋根で安い素材（化粧スレート）だと早ければ7～8年でメンテナンスの時期がきますが、ステンレスや瓦だと約20～30年に一度です。外壁や屋根は、建てるときにきちんとお金をかけておいて損はないところです。

そして3番目は、意外と忘れがちな窓と断熱材です。前にもお話ししましたが、窓からは非常に多くの熱が逃げるため、断熱性に大きく影響します。住んでからの快適性をかなり左右しますので、窓のことはよく考えておいたほうがいいでしょう。

ここまでしっかりお金をかけたら、あとは床や壁などの内装です。内装のなかでも、直接肌にふれていることが多い床は、いちばん優先したいところです。

最後から2番目が外部空間、つまりは外構です。たとえば駐車場に屋根をつけたいとか、塀をつくりたいとか、そうしたことはあとからでも手が加えられます。ただ、家というのは内部空間と外部空間もあわせて成立していますので、建築費の1～2パーセントだけでもいいので、外部に使っていただきたい。1～2パーセントのお金で庭に木を植えられたら、日々の生活や住まいそのものが、ぐっと豊かになります。

そして最後が設備。キッチンやお風呂などの設備は選ぶのがいちばん楽しいところです。だから、ついつい上位にもってきたくなる建て主さんが多いのです。その気持ちはよくわかるのですが、ここはぐっと我慢です。

設備は比較的容易に更新できます。また、エアコンや給湯器、食洗機など毎日稼働しているものは、家電と同じで、10～15年くらいで故障したり、機能が落ちてきたりします。そのときにはもっと高性能の新しいものが出ていますよね。柱ならいいものは一生もちますが、設備は高いものを買っても、長く使ううちに必ず買い替えの時期がやってきます。

だから、「新築時に無理して奮発する必要はないと思いますよ」といつもちょっとだけご説明しています。

こうしてみると、大事なのは地味なところばかりです。構造なんて、完成したらほとんど見えない。でも、その見えないところが大切なのだということを忘れないでください。

建築費用のウソ、ホント

私たちの仕事を雑誌に掲載していただいたときに、つくりつけの家具すべてや、外構工事、地盤改良工事などは**除外した**金額を記入してほしいという指示を受けることがあります。ですから、雑誌に載っている金額と本当にかかった総工事費とは異なる場合が多いことを覚えておいてください。

みんな、「坪単価」と「建築本体工事費」を安く見せたいのです。

建築本体工事費（例1800万円）÷坪数（例30坪）＝坪単価（例60万円）

建築本体工事費が安くなればなるほど坪単価は下がります。この建築本体工事費がクセモノで、はっきりした決まりがないのです。だから、「安いな」と思ったら、外構はもちろんキッチンや浴室、照明などの設備費用などが含まれていないことがよくあります。

そのほか建築費用についての誤解をいくつかご紹介しましょう。

・オーダーメイドのキッチンは高い？

家具屋さんなどに頼んでつくってもらうオーダーメイドのキッチンのほうが、量産されている既製のシステムキッチンより、値段が高いのが一般的です。ただし、それはグレードが最低ラインのものに限っての話です。

ショールームに行くと、高級品と普及品が並んで展示されています。くらべると、どうしても普及品のほうが安っぽく見えてしまいます。仮にいちばん安いシリーズが80万円だとしたら、それが300万円くらいまでアップグレードできるようになっています。そうすると、なんとなく高いグレードのほうがいいかなと思ってしまう人が多いんです。

グレードによって何が違うかというと、まずトビラの表面に張られている面材です。面材が違うだけで100万円ほど差があります。それから引き出しのなかの仕切りなど、無駄な機能がたくさんついていること。たったそれだけの違いで値段がどんどん跳ね上がってしまうんです。

そうなると、オーダーでつくったほうが安いという逆転現象が起きます。オーダーなら、自分の必要なものだけがついてきます。しかも自分の使い勝手に合ったように仕上げられますよね。単純に値段だけ比較したら、システムキッチンより割高に感じるかもしれません。けれど、オーダーメイドのキッチンがシステムキッチンと大きく異なるのは、実質がともなった適正価格であるという点なのです。

・無垢の木のフローリングは高い？

ハウスメーカーで家を建てたという人から、ときどき「フローリングを無垢の木にしたら高いって言われてあきらめた」という話を聞きます。けれど、無垢の木のフローリングは実はそれほど高くありません。

表面だけ木目調のシートが貼られたフローリングにくらべたら、無垢の木は工事に手がかかるうえに、反ったり縮んだりするので、クレームになりやすいのです。だから、面倒で使わない、もしくは無垢の木を扱えるだけの技量がない場合もあります。

いまは木を使う人が昔よりも減少したため、国産のよい材料が安く買える時代です。

たとえば、「総ヒノキ造り」などといわれるヒノキは、高級建材のイメージがあると思います。けれど、それは純和風建築に使うような、節がまったくない最高級品の場合です。ふつうのヒノキであれば、たとえば柱の場合、スギが1本5000円だとしたら、ヒノキは7000円くらい。家の柱はせいぜい約100本ぐらいなので、20万円ほどの違いですべてヒノキにできるんですね。ヒノキは耐湿・耐水性が高く、強度もあります。丈夫で長持ちする家にしたいという人にとって、すごく手軽で、なおかつ価値がある出費だと思います。

・大手ハウスメーカーの費用

どんなに値段が高くても住んだ人が本当に気に入っていれば、高いとは思いません。ただ、営業マンの手当て、展示場の経費、莫大な広告費などのすべてが、一軒一軒の家の費用に含まれていますので、純粋な工事の数字をよく知る私たちとしては、とても高いという印象があります。

「今月は決算なので、いま決めてくれたら○○○万円特別に値引きします」などという話もよく聞きますが、見積もりをまじめにやっていたら、決算だろうが何だろうが、そんな大幅な値引きはできません。

修繕積み立てについて

将来を見据えた積み立てを

住み始めたあとに必ず考えておいてほしいお金のことが、メンテナンスにかかる維持費です。

メンテナンスの重要性は、靴を例に考えてみるとわかりやすいでしょう。穴が開くまで履いてしまったら、修理するのは難しいですよね。「捨てちゃえ」となりがちです。けれど、底がすり減ってきた段階で補強すれば、長く履けます。それと同じで、家も汚れが目立ってきたり、傷み始めた段階で早めに補修すれば、長く快適に住み続けられます。

では、どのくらいの費用を準備しておけばいいでしょうか。

私がおすすめしているのは、月々1万円の積み立てです。マンションの管理費とくらべると少ないと思われるかもしれませんが、１万円×12か月で年間12万円。補修はだいたい10年に一度くらい入りますから、**12万円×10年で１２０万円**になります。

１２０万円あれば、外壁を全部塗り直せます。ほかに補修が必要なところがあったとしても、一度にすべて用意しなくてすみます。仮に費用が１５０万円かかったとして、ゼロから１５０万円出すのと、積み立てていた１２０万円にプラス30万円ですむのとでは負担が違いますよね。

マンションのように強制的に徴収されないので、ついつい忘れてしまいがちなメンテナンス費用。住み始めたときから、少しずつでもいいのでコツコツと積み立てておいてください。

column 8 大好きな建築家④

泉川　安雄さん

自分も年を重ねたら、男としてこうありたいとひそかに尊敬している建築家です。

会うと必ず、

「この仕事は大変だけど負けるなよ、がんばれよ」

と、まだまだ未熟な私に声をかけてくれます。そして若いころからずっと応援してくれます。独立したばかりで、それほど仕事もない私にとって、泉川さんから「元気？」と電話がかかってくることが、どれほどうれしく心強かったことか。

泉川さんは70代の建築家で、他界した私の父親とほぼ同世代。若いころに福島から東京へ出てこられて、遠藤楽さんという建築家（著名なアメリカ人建築家フランク・ロイド・ライトの弟子である遠藤新さんの息子さん）のもとで建築を勉強したと聞いています。

絵がとても上手で、建築をいっしょに見に行ったときのこと、みんなが写真を撮ることに夢中になっていると、ひとり小さなスケッチブックを取り出しスケッチをされていました。「わー、さすが建築家！」と思いました。

お誘いいただいて、お酒を飲みに行ったことが何度もあります。いつも愉快でみんなを楽しませてくれます。きっと建て主さんともお酒ばかり飲んでいるはずです（想像です）。

建て主さんには、

「要望は言ってもらっていいけど、ふたつか3つにしてね（笑）」

とおっしゃるそうです。私は最初びっくりしましたが、きっと建て主さんも泉川さんのお人柄に引き込まれて、どんどんその世界観をのぞいてみたくなってしまうことでしょう。ベテランの泉川さんならではのリーダーシップなのだと思います。

以前のことです。うちの若い男性スタッフが仕事を辞めたいと言い出しました。前職は航空自衛隊にいました。そこから努力してせっかく足を踏み入れたこの世界、日々の仕事は大変だと思うけどぜひがんばって続けてほしいと私は思いました。でもそんな私の説得を彼は聞きません。

泉川さんならどんなアドバイスをするだろうと思い、彼を連れて泉川さんのアトリエを訪問しました。私が彼の辞意を説明するよりも先に、泉川さんは、

「君、まだ若いんだから好きなことやりなよ」

と机の脇に置かれていた北欧の巨匠アアルトの作品集を彼に渡し、

「あげるよ。オレにはもう必要ないから。若い人に見てもらったほうがいいからね」

と笑いました。

次の日、スタッフは「もう少し、続けたいと思います」と言いました。

第9章

中古住宅
リノベーション

中古住宅という選択肢

メリットとデメリットを知る

以前、ご相談に来た方の話です。「丹羽さんといっしょにぜひ家づくりをしたい」と言ってくださったのですが、お話を伺うとかなり厳しい条件。ご提示の予算だと、希望されているような家をつくるのは現実的に無理だろうと思いました。そこで悩んだすえに、理由を説明してお断りしました。

3年ほど経ったころ、その方がまた事務所にやってきました。開口一番、「いい物件を見つけたんです！　中古住宅のリノベーションならやってくれますか？」。

中古住宅を買ってリノベーションすることを決意したとのこと。そこまでして私に依頼してくれたというのがとてもうれしくて、一も二もなくお引き受けしました。

この方のように、ゼロから新築の戸建てを建てることが予算的に難しい場合でも、中古住宅を建築家といっしょにリノベーションするという選択肢もあります。古いものを上手に生かして暮らすというのも素敵なことですよね。そこで最後の章として、中古住宅のリノベーションについてお話ししたいと思います。

まずは中古住宅リノベーションのメリット、デメリットを挙げてみましょう。

〈メリット〉

- **建物が安く買える**
- **時間をかけて少しずつ手を入れられる**
- **周辺環境や日当たり、風通しなどが確認できる**
- **古い家ならではの雰囲気がある**

中古物件のいちばんのメリットは、ほとんど土地の値段だけで建物もいっしょに買えるということでしょう。一部だけ手を入れて、あとは住み始めてから徐々に変えていくこともできます。新築のように一気に完成させる必要がないので、大幅にコストをおさえることも可能なのです。
また、すでに建物が存在しているので、暮らしをイメージしやすいという点もあります。周辺環境や景観、日当たりや風通しといったことも、実際に建物のなかに立って確認できます。そして、新築物件ではなかなか古い雰囲気が出せませんから、味わいのあるものが好きな人にとっては大きな魅力だと思います。

〈デメリット〉

- **耐久性や耐震性に問題がある場合がある**
- **地盤の補強ができない**
- **買う前に欠陥がチェックしにくい**
- **ローンの金利が新築よりも高い傾向にある**
- **最終的にかかる費用を見積もりにくい**

中古住宅の最大のデメリットは、家のいちばん大事な基礎や柱、梁といった主要なところに関して、部分的にしか補修できない点です。すでに建物が建っているために、地盤の

雨どいが詰まっていたのを修理せずにいたため、屋根に水が回り腐食が進んでいた。さらにその水が柱をつたい、床下の土台まで腐っていた。（リノベーション調査時の写真）

改良工事もできません。あらかじめ地盤や構造がしっかりしている物件を買うことが非常に重要です。

しかしながら、購入前に詳しい調査はできないのが一般的です。買って壁や床などをはがしてみたら、柱が雨漏りで腐食していたとか、土台が白アリの被害にあっていたということがあるのです。本来ならば入っていなければいけないところに、柱が入っていないなんてこともあります。

さらにデメリットを挙げるなら、融資の面で新築よりも不利な場合があることです。リフォームローンは、通常の住宅ローンより金利が高めに設定されています。中古物件のほうが資産価値が低いとされるからです。

リノベーションの場合は最終的にかかる費用を見積もりにくいという難点もあります。床や天井をはがしてみて、構造上問題があった場合、そのぶん費用がかかるので、あらかじめ予算を多めに見積もっておくことが大切です。

物件選びで気をつけること

内覧時からプロに相談を

中古住宅を選ぶ際には、地盤や構造がしっかりしている物件であることが何よりも大切なポイントです。

ただし、購入前に調査に入らせてくれる不動産屋さんはほとんどありません。ここでいう調査とは、床下に潜ったり、屋根裏を開けたりして、建物の状況を詳しく調べることです。仮に調査して欠陥がわかったら売れなくなってしまうから、たいていは「目視でわかる範囲で」と言われてしまうのです。

とはいえ、目で見てわかることはけっこうありますので、チェックポイントをいくつかお教えしましょう。

・周辺の道路や家の外観に不安な点はないか

地盤の状況は、近所の道路や建物の状況を見て、ある程度判断できます。たとえば道路がうねったり、沈んだりしているようなら要注意です。また、周辺の古い家の外壁や塀にやたらとひび割れが入っていないかもチェックしましょう。そうしたところは、地盤が悪い可能性があります。役所に行けば周辺の地盤について資料をもらえることもあります。

・天井に不自然なシミはないか

天井に大きなシミがあったら、雨漏りのサインの可能性があります。台風のときなどに一瞬雨漏りするぶんにはそれほど心配はありません。危険なのは、しとしと降る長雨のような雨で長期にわたって漏れているケースです。その場合、柱や土台が乾く暇がなく、腐食が進んでいる危険性があります。

気になるシミを見つけたら、雨の日にも内覧してよく観察してみましょう。

・床に大きな傾斜や凸凹はないか

床の傾斜や凸凹が極端な場合は、何らかの問題があることが推測できます。原因には、地盤沈下のほか、建物の構造や床下の下地材の問題などいくつか考えられます。内覧のときは、パッと見て決めるのではなく、家中を歩いてよく確認してみてください。スリッパを履いていると見すごしてしまうこともあるので、できれば素足で歩いてください。また、ビー玉を転がすというチェック方法はあまり役には立ちません。平面の床でもビー玉はたいてい転がります。

・窓や戸などの開け閉めはスムーズか

古い家だと建具の建て付けが悪いのはしかたがないと思うかもしれません。たしかに1カ所や2カ所なら、蝶番《ちょうつがい》の緩みや劣化などが原因の場合もあります。その場合は、修理すれば直るので問題はありません。

しかし、何カ所も建て付けが悪かったり、隙間ができていたりする場合は、建物が歪んだり傾いたりといった構造上の問題が疑われます。スムーズに開け閉めできるか、家のなかにある建具をすべて開け閉めして、動かしてみるようにしましょう。

以上、地盤や構造の問題をチェックするポイントを挙げてみましたが、気になるところが見つかった場合、それが実際に問題かどうかを見極めるのは難しいものです。建築家や工務店、大工さんなら、ある程度は見当がつきます。内覧のときにはプロに相談して、必ずいっしょに見てもらうようにしましょう。

新耐震基準を過信しない

建物の耐震性を定めた「耐震基準」。この基準は、１９８１（昭和56）年に大幅に改正され、改正前の耐震基準は「旧耐震基準」、改正後の耐震基準は「新耐震基準」と呼ばれています。また、新耐震基準は２０００（平成12）年にも木造戸建て住宅の耐震性を大幅にアップする内容に変わっています。

中古住宅を探している人の多くが、新耐震基準になる１９８１年以降の建物かどうかを非常に気にしています。ただ、１９８０年の建物と１９８２年の建物とをくらべて、差があるかといえば、それは一概にはいえないと思います。

１９８２年に建てられたとしても、手抜き工事をしていたら意味がありません。１９８０年の建物だとしても、腕のよい大工さんがきちんと建てていれば、そのほうがよっぽど丈夫ということだってあります。工事の内容や、使っている材料などによって一軒一軒、**安全度は異なる**のです。

1981年以降といえば、その後バブル景気の時期を迎えます。バブル期は建設ラッシュで、手抜き工事も多かったといわれています。人手が足りなくて、大工さんになりたての未熟な職人さんが建てていたり、粗悪な輸入材をばんばん使っていたりする家もあるでしょう。年配の大工さんからは「あのころは、釘1本打つ間も惜しいくらい、次から次へと仕事があった」という話をよく聞きます。びっくりするかもしれませんが、実際に釘を3本打たなければいけないところを2本しか打っていないという例もあったといいます。私自身も実際に現場を見ていると、そんな中古住宅を目にすることがあります。

ですから新耐震基準はあくまで目安と考えてください。新耐震基準だからOKというのではなく、プロといっしょに建物をきちんと目で見て確かめることがいちばん大切です。

図面を必ずもらおう

本来なら、中古住宅を購入する前に建築家に相談してほしいのですが、購入してから依頼に行くという方も少なくありません。そういう方に「図面はありますか?」と聞くと、「あ、もらってません」とおっしゃる方が意外と多くいます。

実は、こちらからお願いしないと図面を渡してくれないというのは、よくあることなのです。なかには、図面を保管していない、どこかにいってしまったという売り主さんもいます。それほど図面が大切だと思っていないのでしょう。

しかし、図面を見ればどこに柱や筋交いが入っているかなど、構造的なことがだいたい把握できます。むろん、図面があっても必ずしもその通りに工事がおこなわれているとは限らないのですが……。でも、それならそれでこの工事をやった大工さんはアバウトなんだなと、大工さんの考え方が見えてくる。大事な資料です。

図面を見て、なおかつ実物を点検すれば、大幅な調査をしなくても、わかることはたくさんあります。また、図面があれば、購入したあとの調査や設計もスムーズに運びます。ですので、中古住宅を購入する前には、必ず「建築図面をください」とお願いすることを忘れないようにしましょう。

後悔しないリノベーションのために

デザインの変更より大事なこと

一時期、テレビのリノベーション番組がとてもはやりました。非常に問題のある家を見違えるような家にリノベーションし、その変貌ぶりに家族があっと驚き、喜ぶ。住まいを舞台にしたある種のエンターテインメント番組といえます。ああいった番組を見ていて、常々思うのは功罪の両面があるなあということです。

「功」の面は、リノベーションという住まい方があることを、浸透させたことでしょう。古い家をすぐ壊してしまうのではなく、生かして再生させるという選択肢を示してくれたと思います。

一方、「罪」の面は、リノベーションの「見た目の変わり映え」ばかりが注目されてしまったことです。表面的にきれいに新しくなること以上に、大切なことがあります。

リノベーションでよくある要望に、広いリビングにしたいというのがあります。昔の家は部屋を小さく区切っているので、その壁を取り払って広い一部屋にしたい。でも、単純に壁をぶち抜いてしまうと、当然建物の強度は低くなります。広げるぶん、どこかで補強をしっかりとしなければいけません。

また、壁や床をせっかくはがすなら、断熱を強化することも忘れてはいけないところです。断熱性をよくするためには、あわせて窓の性能もアップしておきたいですよね。

こうしたことをきちんと考慮しておかなければ、安心で快適な住まいにはなりません。新築だろうが中古だろうが、住まいにおいて大切なことは結局のところ、変わらないのです。

建物を補強するには

ここで少しだけ、建物の補強について実際にどんなふうに考えていくのかをお話ししたいと思います。

建物を補強するには、まず最初に調査をおこないます。床下に潜ったり、小屋裏を開けたりして、入れるところには全部入って点検するのです。材料や金具はどんなものを使っていて、いまはどういう状況になっているかを詳しく調べます。

これは、なかなかに過酷な作業です。家の、長年だれも入っていない見えないところは、当然カビだらけだったり、換気も悪い。ゴキブリの死骸やネズミのフンもあったりして、調査が終わったときには泥だらけになります。なかには工事の人に任せっぱなしで、自分ではやらないという建築家もいます。でも、点検作業をやっておかないと、あとから大変なことになります。ですから、こうした調査をきちんとやってくれる建築家に頼んだほうが絶対にいいと思います。その点は、依頼するときにやってくれるかどうか確認しておいたほうがいいですね。

そうして逐一調査した結果を報告書にまとめます。壁の強度などを全部計算して、耐震性などを診断するのです。この家は南側に広い開口部があって明るいけど構造的に弱い。その一方で2階の強度は足りているなとか、この家は南北の揺れに弱いなとか、家のどこに問題があるかが見えてきます。

その報告書をもとに、今度は弱い部分をどうやって補強していこうかという補強計画を作成します。

こうした地道な作業をデザインと並行しておこなっていきます。決してデザインありきではないんですね。そこのところをよく理解しておいてほしいと思います。

優先順位を出す

私がこれまでに手がけたリノベーション住宅で、1階だけ手を入れて、2階は古いままというお宅があります。

お話を伺ったら、キッチンをオーダーでつくりたい、ヨガ教室をやるから和室をきれいに直したいといった、いくつかはっきりしたご希望がありました。予算をにらみつつ優先順位をつけていくなかで、「もしかしたら、2階のリノベーションを全部やめたらできるかもしれませんよ」という話になり、2階にはまったく手をつけないと決めたのです。

リノベーションをするときも、大切なのはメリハリです。

全部をどうにかしようとすると、いちばんやりたいことをあきらめて、平均的にきれいにすることになりがちです。玄関、リビング、ダイニング、バス・トイレ、キッチン、個室すべての部屋や設備に手を入れるとなると、やっぱりそれなりに予算がかかります。均一に手を入れると、「ちょっときれいになったね」という程度の、平凡で満足度の低いリノベーションになってしまいます。

まずは構造や外壁、屋根など耐久性や耐震性に関わる部分をしっかり直してください。そのうえで、間取りやデザインのやりたかったことを実現させましょう。

残る部分については、貯金ができたつど、のんびり考えていけばいいと思います。それに中古住宅だと、自分で壁を塗り直したり、棚をつけたり、手を入れることも気軽にできます。中古住宅ならではのメリットを生かしたリノベーションをして、満足のいく住まいを手に入れてください。

リノベーション例①
[三芳の家]

before
家業の農業を手伝うため、生まれ育った実家へ戻ることに。4世代で同居するためのリノベーション。家の中は「寒くて暗い」場所だらけだった。

after
生まれ変わったリビング。畑仕事を終え、薪ストーブで暖まった家で過ごす夜の時間が最高とのこと! 寝室は古い建具を再利用した。

リノベーション例②

[鹿浜の百年家]

before

敷地内にある納屋は先祖が100年以上前に建てたもの。きちんと活用して後の世代へ残したいとのことで相談を受けた。全体が老朽化して壁には穴があいていたが、骨組みはしっかりしていた。

after

太い木の骨組みを活かし、しっくいや無垢の木材で仕上げた室内。軒下空間は、近所のご友人たちが集う場になった。

リノベーション例③

［鎌倉・小町の家］

before

防音室（グランドピアノ）がある平家のモダンな住宅。しかしながら建築時から40年が過ぎ、周囲を高い建物に囲まれて陽が入らなくなっていた。

↓

after

新たに天窓をつくり「暗さ」を解消。家の中央にあった防音室の壁を一部取り除くことで光が深くまで届き、風通しもよくなった。右奥の入口は寝室で、廊下を通らずダイレクトにつながっているので室温の差を少なくできる。

おわりに　――令和版の発刊に寄せて

令和改訂版の刊行にあたり、まずは読者の皆さまにお礼を伝えさせてください。

たまたま立ち寄った街の書店でタイトルが気になり、本書を手に取ってくださった方、図書館で借りて読んでくださった方、家を建てたご友人から勧められて読んでくださった方、ネット書店のレビューを見て読んでくださった方、そして「家を建てたくなったので、相談に来てみました！」と巻末の「住宅調書」を持って実際にご相談にお越しくださった方……。初代『家を建てたくなったら』は、そんな方々に支えられて、たくさんの反響をいただきました。

また、同業の設計者さんが「丹羽さんの本を読んだ建主さんがうちに相談に来てくれましたよ！」と声をかけてくださったり、工務店さんが「いいことを書いてくれてありがとう！　相談にいらした建主さんに読んでもらっています」と言ってくださったりもしました。

つい先日は、外食して会計をする際、「家づくりを考えているんですか？」と店主の方に声をかけられ、「どうしてですか？」と聞いてみると、「その本、私も持っています」とおっしゃったのでびっくり！　本とにらめっこしながら、一人でまさにこの原稿を書いていたところでした。

拙い作文を読まれてしまったような気持ちで、照れ臭さ半分（赤面）ですが、とにかくこんなふうに多くの方から声をかけていただけるようになるなんて、想像していなかったのです。本当にうれしく、改めて心より感謝を申し上げます。

その後、順調に増刷を重ねることができ、2019年9月に5度目の増刷となってからわずか半年後、新型コロナウイルスが世界中にまん延することとなりました。

ですから、その直前に設計させていただいて無事に建っていた家をずっと訪問できないままだったのですが、ようやく先日、訪問が叶いました。

建て主さんは、コロナ禍で自分の時間ができたこともあってDIYに目覚めたそうで、ウッドデッキのほか、なんとサウナ小屋まで自作していらっしゃいました。

「本当に、家を建ててよかったです」

とうれしそうにお話しされていて、私も心からうれしくなりました。

家を建てたことで生活ががらりと変わった、とのことで、新しい家での生活、家で過ごすことそのものを楽しんでいるご様子は、私の想像をはるかに超えるものでした。この数年、たいへんな状況が続いたことで、「楽しむ」という大切なことを私も忘れかけていたのです。

巣ごもり需要もあり、改めて「巣」の大切さを感じたのは皆さんも同じではないでしょうか。巣は「日本」という国を指すかもしれませんし、「地域」を指すかもしれません。その最小単位としての「家」とはいったい何でしょう。

遅くまで働いて、ただ寝るためだけの場所だったのが、家にいる時間が増えたことで、家そのものを含めた生活環境の大切さに目が向き、そもそもの「生き方」を考え直してみるきっかけにもなったのではないかと思います。

改訂版は、データの見直しはもちろん（建築費が高騰していて驚きます！）、初版発行から8年が経過し、その間にも「読者さん」との家づくりを経てたくさんの家ができあがってきましたので、できるだけ新しい事例も掲載させていただきました。

最後になりましたが、WAVE出版の皆様、本づくりに関わってくださった皆様、書店の皆様、そして日頃お世話になっている建て主さん、職人さん、家族やスタッフたちに、改めて感謝申し上げます。

ウッドショック、エネルギー問題（光熱費の高騰）、インフレ、さまざまな建築資材費の高騰、地球温暖化による環境問題など、いまは本当に大変な時代。家づくりはますます困難を極めていくでしょうが、「楽しむこと」を絶対に忘れないでくださいね。

そして、幸せな家づくりを決してあきらめないでください。

影ながら、心から応援しています。

丹羽　修

巻末付録：住宅調書

家族構成／ライフスタイルについて

名　前				
続　柄				
職業・勤務先				
年　齢	歳	歳	歳	歳
（生年月日）	年　月　日	年　月　日	年　月　日	年　月　日
性　別	男　・　女	男　・　女	男　・　女	男　・　女
身　長	cm	cm	cm	cm
起床・就寝時間	起床： 就寝：	起床： 就寝：	起床： 就寝：	起床： 就寝：
家で仕事や勉強をしますか？	□する □しない	□する □しない	□する □しない	□する □しない
具体的にどんな仕事や勉強をしますか？				
料理をしますか？（得意料理は？）	□する □しない （　　）	□する □しない （　　）	□する □しない （　　）	□する □しない （　　）
好きな家事は？				
嫌いな家事は？				
休日のすごし方を教えてください				
外出は多いですか？				
1日の生活パターンを具体的に				

巻末付録：住宅調書

家族構成／ライフスタイルについて

趣味は？				
幸せだと思うのはどんなとき？				
好きなもの(こと)				
嫌いなもの(こと)				
家族と一緒にすごすことは多いですか？	□多い　□少ない	□多い　□少ない	□多い　□少ない	□多い　□少ない
食事を家族と一緒にすることは？	□多い　□少ない	□多い　□少ない	□多い　□少ない	□多い　□少ない
お酒は飲みますか？	□よく飲む□時々 □飲まない	□よく飲む□時々 □飲まない	□よく飲む□時々 □飲まない	□よく飲む□時々 □飲まない
来客は多いですか？	□多い　□たまに □あまりない	□多い　□たまに □あまりない	□多い　□たまに □あまりない	□多い　□たまに □あまりない
宿泊客の予定は？	□よくある □年に1度くらい □ない	□よくある □年に1度くらい □ない	□よくある □年に1度くらい □ない	□よくある □年に1度くらい □ない
ペットはいますか？(予定も可)				
持ち物は多いですか？	□とても多い □多い　□普通	□とても多い □多い　□普通	□とても多い □多い　□普通	□とても多い □多い　□普通
具体的にどんな物が多いですか？				
収納でとくに力を入れたい場所は？				
ちょっと特殊な持ち物はありますか？				
好きな場所は？(家以外で)				
家の中でいちばん好きな場所は？				
インテリアへの関心度は？	□高い　□普通 □関心がない	□高い　□普通 □関心がない	□高い　□普通 □関心がない	□高い　□普通 □関心がない
その他、新しい家への要望は？				

巻末付録：住宅調書

今住んでいる家は どんな家ですか	□一戸建て　□マンション　□アパート □木造　□鉄骨　□鉄筋コンクリート
今の家の良いところ	
今の家で不満なところ	
住体験について	※生まれ育った家、その後の家などの住体験について
外観について （全体のイメージ・色彩・素材・屋根・外壁・窓・調和など）	
内装について （全体のイメージ・色彩・素材・床・壁・天井・収納など）	

車庫について （所有台数・将来の予定など）	・車：□あり　□なし（□今はないが将来所有予定） 車種1： 車種2： ・自転車：□あり（　　）台　□なし ・バイク：□あり（　　）台　□なし 特記事項：
庭・テラスについて （全体のイメージ・色彩・材料・庭仕事への興味度・植えたい花や樹木・照明・給水・外部に収納するものなど）	庭仕事は： □積極的にやりたい　□少しやりたい　□やらない
門・塀について （ポスト・表札・塀・目隠し・防犯）	
家全体の維持・メンテナンスについて （ご要望がありましたらお書きください）	自分でメンテナンスするのは：□好き　□苦手
環境配慮について （まちなみ・省エネルギー・自然エネルギー利用・自然素材の使用などご希望があればお書きください）	環境問題に： □とても関心がある　□どちらかというとある □家づくりをきっかけに何か取り組みをしたい □あまり関心がない
その他 （気になっていること・新しい家のテーマ・その他特別な希望がありましたら自由に書いてください）	

巻末付録：住宅調書

各部屋についての希望

玄関	・広さについて： ・採光について： ・靴は何足ありますか： （そのうちブーツは：　　　　　　　　） ・傘は何本ありますか： ・その他（ゴルフバック、コートなど）：
浴室	・広さについて： ・採光について： ・鏡について： ・室内の仕上げについて： （タイル・木・ユニットバスなど） ・浴槽の大きさ ・材料について： ・乾燥機能（物干し金物）：□要　□不要　※換気扇は付きます ・暖房機能：□要　□不要 ・追い炊き機能：□要　□不要 ・その他：
洗面所	・広さについて： ・採光について： ・収納について： ・洗面台の仕上げについて： ・室内の仕上げについて： ・洗濯機の他に乾燥機置き場：□要　□不要 ・洗面室とトイレの入口は：□絶対に分けたい　□どちらでも構わない　□同じ ・その他：
トイレ	・暖房便座機能：□要　□不要 ・ウォシュレット機能：□要　□不要 ・収納：□要　□不要 ・室内の仕上げについて（壁・床）： ・その他：

巻末付録：住宅調書

各部屋についての希望

居間	・広さについて： ・設置する家具：□持込　□新規購入 ※ソファー：(□置く　□置かない　□未定) □テーブル　□オーディオ □その他（　　　　　　　　　　） ・収納：□要　□不要　※何を入れますか（　　　　　　　　　　） ・室内の仕上げについて（壁・床）： ・食堂やその他の部屋との関係について： ・その他：
食堂	・広さについて： ・設置する家具：□持込　□新規購入　※テーブル＆椅子（　　　）脚 ・その他持込品： ・食堂とキッチンの関係について： □オープンタイプ　□セミオープンタイプ　□クローズタイプ(分離) ・その他：
キッチン	・広さ(働く人数)： ・室内の仕上げ： ・床の仕上げ ・カウンタートップの材質： ・シンクの大きさ・材質： ・□ガスレンジ　□IHヒーター ・収納についての希望： ・オーブンを設置：□する　□しない ・食洗機：□要　□不要　□未定 ・食器の量： □多い　□普通　□少ない （どんなものが多い？）： ・調理用品： ・食材置き場： ・料理本棚：□要　□不要 ・冷蔵庫のサイズ（幅　　　mm）×（横　　　mm）×（高さ　　　mm） ・冷蔵庫の扉 □右開き　□左開き（簡単に図で記入してください→　　　　　　） ・冷蔵庫の購入予定（予定容量）： ・電子レンジ：□設置する　□設置しない　(□よく使う　□あまり使わない) ・炊飯ジャー：□設置する　□設置しない　(□電気　□ガス) ・電気ポット：□設置する　□設置しない ・コーヒーメーカー：□設置する　□設置しない (□よく使う□あまり使わない) ・その他：

巻末付録：住宅調書

寝室	・部屋のタイプ：□洋室を希望　□和室を希望 ・広さについて： ・設置する家具：□持込　□新規購入（どんなもの：　） ・ベッド：□有り　□なし　※ベッド数（　）台　大きさ（　） ・採光について： ・音（騒音）について： ・就寝時などに本を読みますか：□よく読む　□たまに読む　□読まない ・テレビの設置：□要　□不要 ・寝ること以外の用途は： ・その他：
クローゼット	・ウォークインクローゼット：□要　□不要 ・寝室内収納：□要　□不要 ・洋服は多いですか：□とても多い　□多い　□普通　□少ない （どんな洋服が多いですか：　） ・洋服以外の収納スペース：□要　□不要 （収納するものはどんなもの：　） ・その他：
収納	・独立した納戸：□要　□不要 （収納するものはどんなもの：　） ・各部屋に収納を設置：□要　□不要 （収納するものはどのくらいありますか：　） ・タンスなど大きなものの収納スペース：□要　□不要 ・その他：
家事室	・家事室について：□要　□不要　□スペースがあれば欲しい ・部屋の形態：□独立した部屋として　□部屋の一部に （どの部屋とつなげたいですか：　） ・どんな作業をしますか： ・必要な機能： ・設置するもの： ・収納：□要　□不要 ・その他：

巻末付録：住宅調書

各部屋についての希望

子ども部屋	・部屋のタイプ：□洋室を希望　□和室を希望 ・広さについて： ・設置する家具：□持込　□新規購入　（どんなもの：　　　　　　　　） ・ベッド：□有り　□なし　※ベッド数（　　　）台　大きさ（　　　　　） ・採光について： ・音（騒音）について： ・教育上こころがけたいこと： ・テレビの設置：□要　□不要 ・収納：□要　□不要 ・将来的な利用方法は： ・その他：
その他個室	・部屋のタイプ：□洋室を希望　□和室を希望 ・広さについて： ・設置する家具：□持込　□新規購入　（どんなもの：　　　　　　　　） ・ベッド：□有り　□なし　※ベッド数（　　　）台　大きさ（　　　　　） ・採光について： ・音（騒音）について： ・教育上こころがけたいこと： ・テレビの設置：□要　□不要 ・収納：□要　□不要 ・将来的な利用方法は： ・その他：
その他の部屋（書斎・趣味室・客間など）	・部屋の用途は： ・部屋の形態：□独立した部屋として　□部屋の一部に ・部屋のタイプ：□洋室を希望　□和室を希望 ・広さについて： ・設置する家具：□持込　□新規購入　（どんなもの：　　　　　　　　） ・採光について： ・音（騒音）について： ・必要な機能： ・収納：□要　□不要 ・その他：

家を建てたくなったら 令和版

2023年4月6日 第1版第1刷発行

著 者 丹羽《にわ》 修《おさむ》

発行所 WAVE出版
〒102-0074 東京都千代田区九段南3-9-12
TEL 03-3261-3713 FAX 03-3261-3823
振替 00100-7-366376
E-mail : info@wave-publishers.co.jp
http://www.wave-publishers.co.jp/

印刷・製本 萩原印刷

NDC527 375p 19㎝ ISBN978-4-86621-454-2